お着物一年生

produced by U-CAN publications

ハードルは低く、意欲は高く 着物をはじめましょう

着物って昔からずっと、日本の日常着だったんですよね。
今では晴れ着のイメージが強いですが、
着ることに慣れてしまえば、
気軽な、日々の服装のひとつになるはずだって思うんです。
まずは着てみて、動いてみましょう。

わたしが着物をはじめたのは、
大好きなアーティストの着物姿にあこがれたからです。
私も着たい！　と、着物を着るアルバイトをしました。

着慣れていくと15分くらいで着られるようになります。
そして、どんどん楽しくなって本格的に習うことに。

入口は何でもよくて、それからどれだけ楽しく身につけるか、
そして続けられるかが、
着つけやコーディネートの上達のカギになります。
みなさんは、いま「お着物一年生」になりますが、
同級生や先輩、後輩といっしょに、
着物を楽しみながら習得していってください。
そうした仲間がつくれることも、
着物の大きな魅力だと思いませんか。
わたしはこれからも、みなさん着物仲間といっしょに
新しいことを学び続けていきたいと思います！

山口さくら

日常にも着物

Kimono in daily life

いつもの川べりなのに、
着物で歩けば心浮き立つお散歩に

和装の女将がいるお気に入りのカフェ
着物談義でついつい長居に……

着物で暮らす

Living in Kimono

図書コーナーで情報収集
着物で行きたいお店もチェック！

着物で旅へ

Travel in Kimono

楽しいディスプレイは
撮影スポットにうってつけ

旅先の出会いは人とは限らない
着物好きのワンちゃんかな？

すがすがしい竹林は
着物がよく映える場所

写真も楽しい

Picture in Kimono

そろそろ着物はじめてみようかな
いらっしゃいませー
カランカラン…
今日は何にする?
馴染みのカフェの女将はいつも着物姿でステキ
コーヒーくださーい
あとそのケーキも
ああいう雰囲気の着物いいなー嫌いじゃないなー
じーっ
そういえば今まで気にしてなかったけど最近は街ゆく着物姿にも目がいくようになった

あの人たちは上品でおすまし
ちょっとハードル高めかなっ?
あの人のいいなー着てみたい♥
洋服っぽい着物だとはじめられそう
んー
でもなー
プイッ
めんどくさいかなー
それにお値段がね…高いよねー
まあよく知らないんだけどさっ
…
呉服
尻込みしちゃう高級感

Contents

お着物一年生が共感しやすい
「あるある」な出来事を
マンガで紹介し、
楽しくいっしょに学びやすい
構成にしています。

Chapter 3

着て動いて分かる！ 着つけのポイント

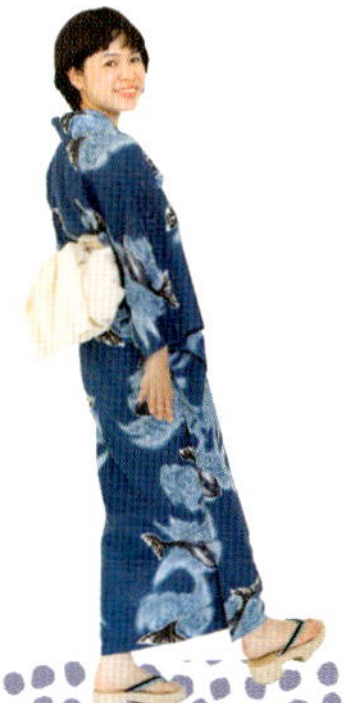

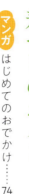

Contents

Chapter 6

アフターフォローも忘れずに！

着物・小物のお手入れ

衣裳協力

きもの屋ゆめこもん
東京都豊島区西池袋5丁目1-10 第3矢島ビル3階
03-5944-8540
https://yumecomon.com/

辻屋本店
台東区浅草1-36-8
03-3844-1321
www.getaya.jp

HARUキモノコモノ屋
http://wakomonoharu.shop-pro.jp/

yumiutsugi bead works
http://mamamangosteen.blog86.fc2.com

リサイクルきもの福服
https://www.rakuten.co.jp/fukukimono/
- 新宿店　東京都新宿区新宿2-7-2 03-3357-1130
- 浅草店　東京都台東区浅草1-33-3 タケイシビル3階 03-5826-1544
- 神楽坂店　東京都新宿区神楽坂5-32 タケダビル3階 03-6228-1261

以上、五十音順、敬称略

※本文中に表記のないものは著者とスタッフの私物です。

本書の見方

着物の着つけ・帯結びは繰り返し練習することをおすすめするために、「Lesson」として、通し番号をつけています。そのページの見方について、紹介します。

Lesson01 ～ 08 まであります。カジュアル着物やゆかた、フォーマル着物の着つけ、半幅帯や名古屋帯、袋帯の帯結びを紹介しています。

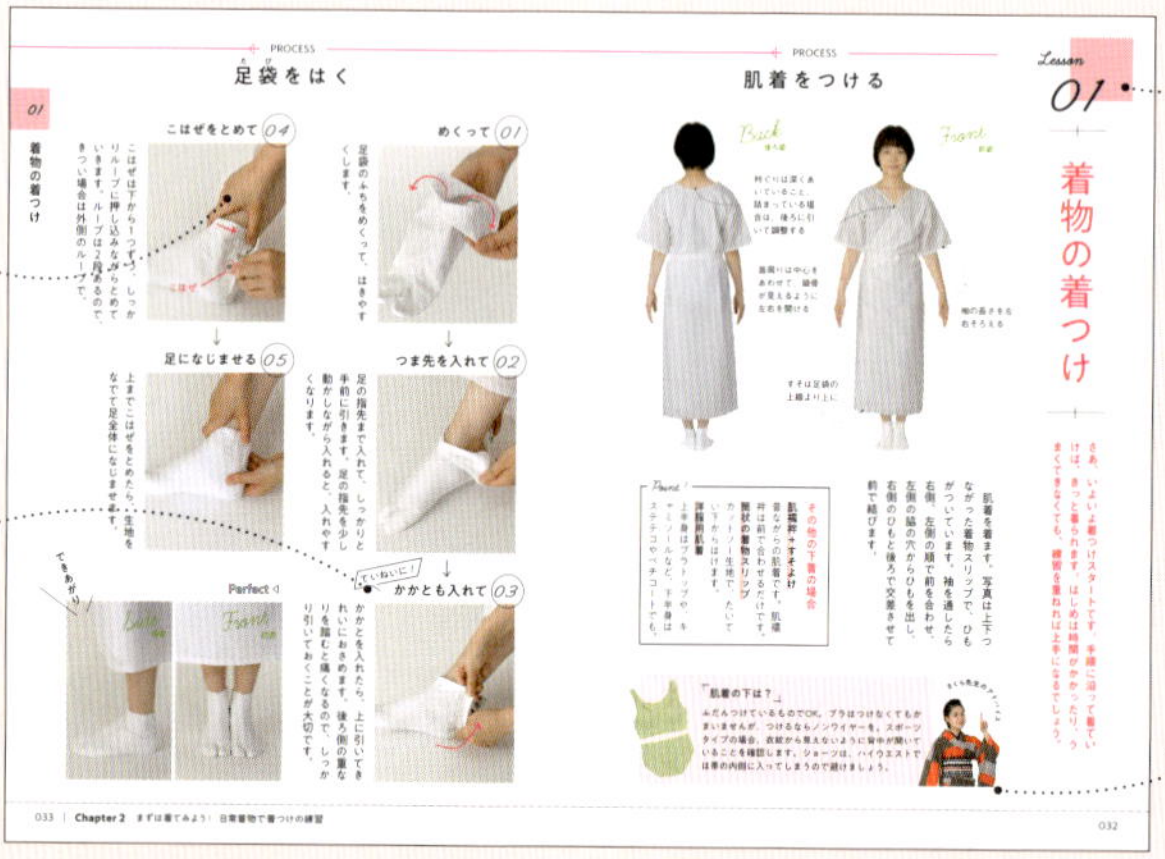

矢印を補足することで、動きを分かりやすく見せます。

とくにていねいに作業をしたほうがよい手順に、マークを入れています。

さくら先生のコメントを添えて、よりわかりやすく解説しています。

Lesson01 着物の着つけ、Lesson02 貝の口を結ぶ、Lesson03 ゆかたで練習、Lesson06 名古屋帯で一重太鼓、Lesson08 袋帯で二重太鼓では、上段で手順の大まかな流れを見せ、下段で細かな説明をしています。慣れてくれば、上段を目で追うだけで、着つけができるようになるでしょう。

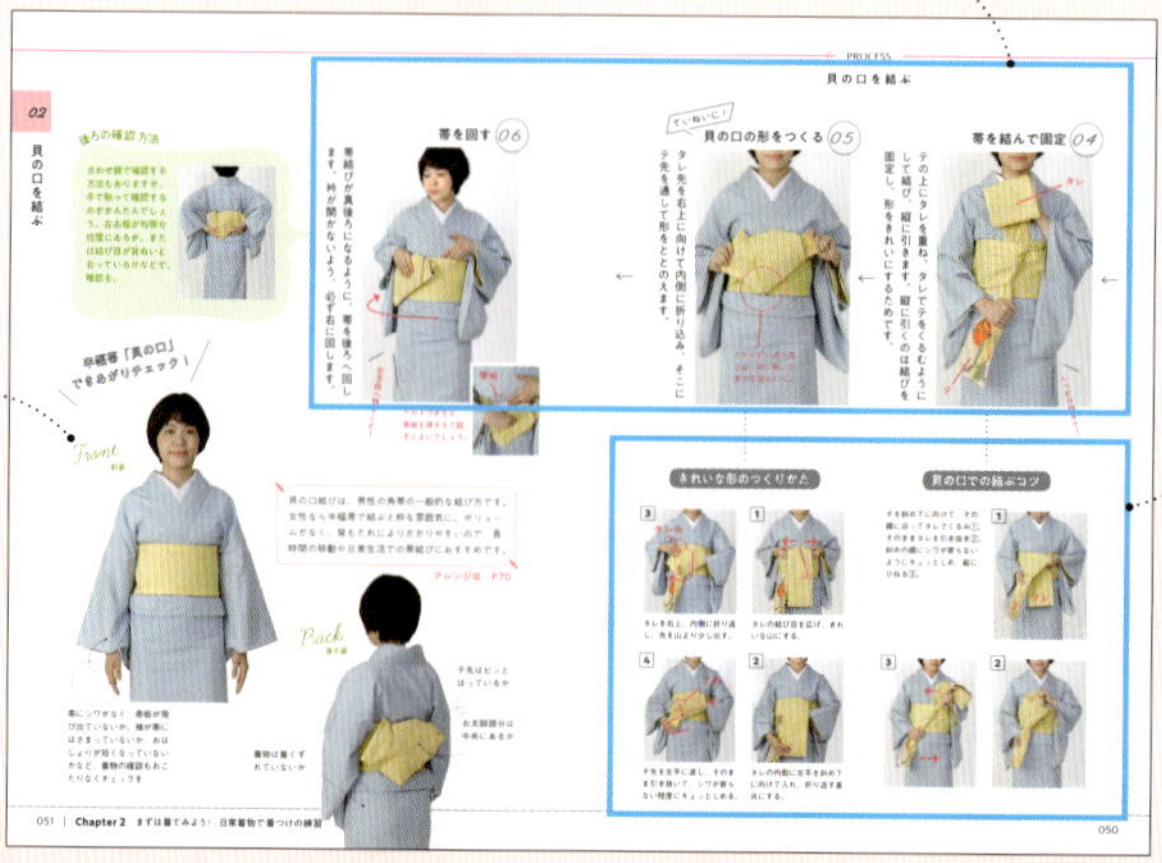

上段の流れの中の細かい手順を下段にまとめています。はじめのうちは、下段も一つずつ確認しながら着つけしましょう。

できあがりの基本の姿を紹介し、きちんと着られているかチェックできるようにしています。練習前に確認しておくのもおすすめです。

Chapter 1

ワクワク楽しむ！ 着物の準備から

着物を着る前に、
知っておきたいことがあります。
着物の形や基本的な構造のほか、
初心者が用意しておきたいものなどです。
まずは、サラリと
目を通しておくだけでもよいでしょう。

目立つところに汚れや傷みがないかチェックするのもかしこい買い物術！

「何じゃこりゃ」の答えはP.22に!

和装の一般的な構成を知りましょう

まずは和装とはどんなものなのか見ていきましょう。着物をはじめるとよく聞く名称があるので、おおよそ把握しておくと着つけや着物を購入するときに役立ちます。

着姿

着物の知識はゼロだと思っていても、着物姿を見たら「縞模様の着物を着て、花柄の帯をして、履物は足袋と草履…」と、名称は言えるのではないでしょうか。知識が増えるにつれて同じ着物姿を見ても、もっと細かくさまざまなことに気づくようになります。これが着物好きをのめりこませる着物の奥深さかもしれません。下の写真から名称だけでなく、着物に慣れた人はどんなところに目がいくのかも併せて説明します。

Back
後ろ姿

衣紋《えもん》

小さな子ども以外の女性の着物は、後ろ衿（えり）を少し下げます。これを衣紋を抜くといいます。衣紋がきれいな形になっていると、着慣れている感じが出ます。

背《せ》ぬい

着物の背の中心でぬい合わされたはぎ目です。生地にゆがみやシワがなく、体の背中心にまっすぐ背ぬいが通っていると、すっきりした着姿に見え、帯結びも映えます。帯より下の背ぬいは、左右にずれていてもOKです。

袂《たもと》

袖口から下の部分です。一般的な着物は袂の角（かど）に少し丸みをつけますが、好みでこの丸みを大きくすることもできます。

お太鼓《たいこ》

帯は後ろから見ると、どんな種類の帯を結んでいるかわかります。これはお太鼓結び（→P.109、114）なので、名古屋帯またはしゃれ袋帯（→P.21袋帯）とわかります。

八掛《はっかけ》

後ろから、裏地の「八掛」が見えています。モノトーンの着物に色の裏地でおしゃれ度アップ。

振《ふ》り

袖口から下の身ごろ側の部分です。女性の着物は、ここから身ごろの「身八つ口（みやつくち）」（→P.20）まで開いています。また、ここからちらりと襦袢※が見えることも。隠れたおしゃれが楽しめます。

※襦袢（じゅばん）とは、着物の内側に着る、着物と同じ形の下着です。（→P.24）

Point!

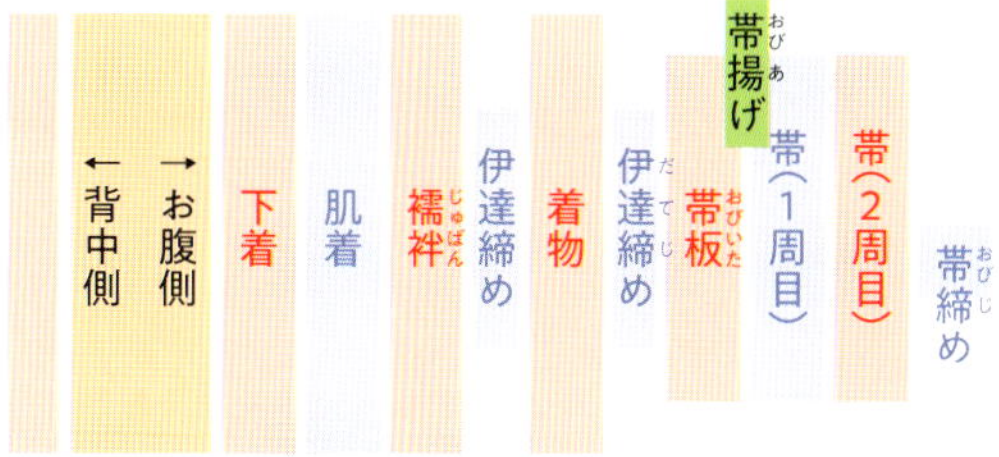
→お腹側
←背中側
下着
肌着
襦袢《じゅばん》
伊達締め
着物
伊達締め《だてじ》
帯板《おびいた》
帯揚げ《おびあ》
帯（1周目）
帯（2周目）
帯締め《おびじ》

この断面
帯揚げ
帯締め
帯（2周目）

断面図で見てみると……

Front
前姿

半衿《はんえり》

着物の衿の内側に見える部分。襦袢の衿にぬいかぶせる帯状の布で、直接肌に触れるので取り替えやすくなっています。一般的には白衿が基本ですが、おしゃれを楽しみたいなら色柄もので顔回りを華やかにするのもよいでしょう。写真は刺繍がほどこされたもので、ちょっと特別感も演出できます。

袖口《そでぐち》

着物の袖の内側に、緑色の裏地「八掛」が見えますから、これは袷（あわせ）の着物です。表地との組み合わせ方でセンスが問われるところ。さらに内側に見えるからし色の生地は襦袢の袖です。帯まわりの色と合わせることで統一感が出ていますね。

つま

着物の衿から下の部分で、体の右側に必ず上前（表に重ねる身ごろ（→P.20）のつまがきます。

足元《あしもと》

白足袋に黒系の草履。着物の雰囲気に合わせた組み合わせです。

帯まわり

これは花や独楽（こま）が描かれた「染め」のアンティークの帯です。帯締め（おびじめ）は三分〜二分ひもという細いものを使い、金色刺繍の帯留めを通し、たまご色の縮緬（ちりめん）の帯揚げ（おびあげ）でまとめています。前から見ただけでは、これが半幅帯（→P.21）か名古屋帯（→P.21）かはわかりません。

おはしょり

長い着物を帯の内側で上げて着ているためにできる部分です。ここがもたついていると、着姿がきれいに見えないので、ていねいに着つける必要があります。

着物

和装の中で一番面積が多くなる部分。単品を指すときは「長着（ながぎ）」といいます。写真は無地の反物を染めた「染め」の着物です。衿は「バチ衿」とよばれる仕立てで、あらかじめ衿を半分幅に折った状態で作られています。

着物

着物の全体図を見ながら、それぞれの名称とどのような形になっているのか見てみましょう。

左図は「袷《あわせ》」で「広衿《ひろえり》」の着物の展開図です。

「袷」とは裏地のついた着物のことで、着て動いたときに見えそうな部分には「八掛《はっかけ》」と呼ばれる色がついた裏地が、見えない部分の裏地には白い「胴裏《どううら》」がつけられます（他色もあり）。「単衣《ひとえ》」の場合は裏地をつけず、端は三つ折りにかがってあります。

「広衿」は裏地つきで仕立てられた衿の形で、着るときには幅を半分に折って着ます。「バチ衿」とは、衿に裏地をつけず、あらかじめ半分の幅に折った状態でぬってあるタイプです。

左図の名称は寸法を見るときや、着つけのときに知っておくと便利な用語です。

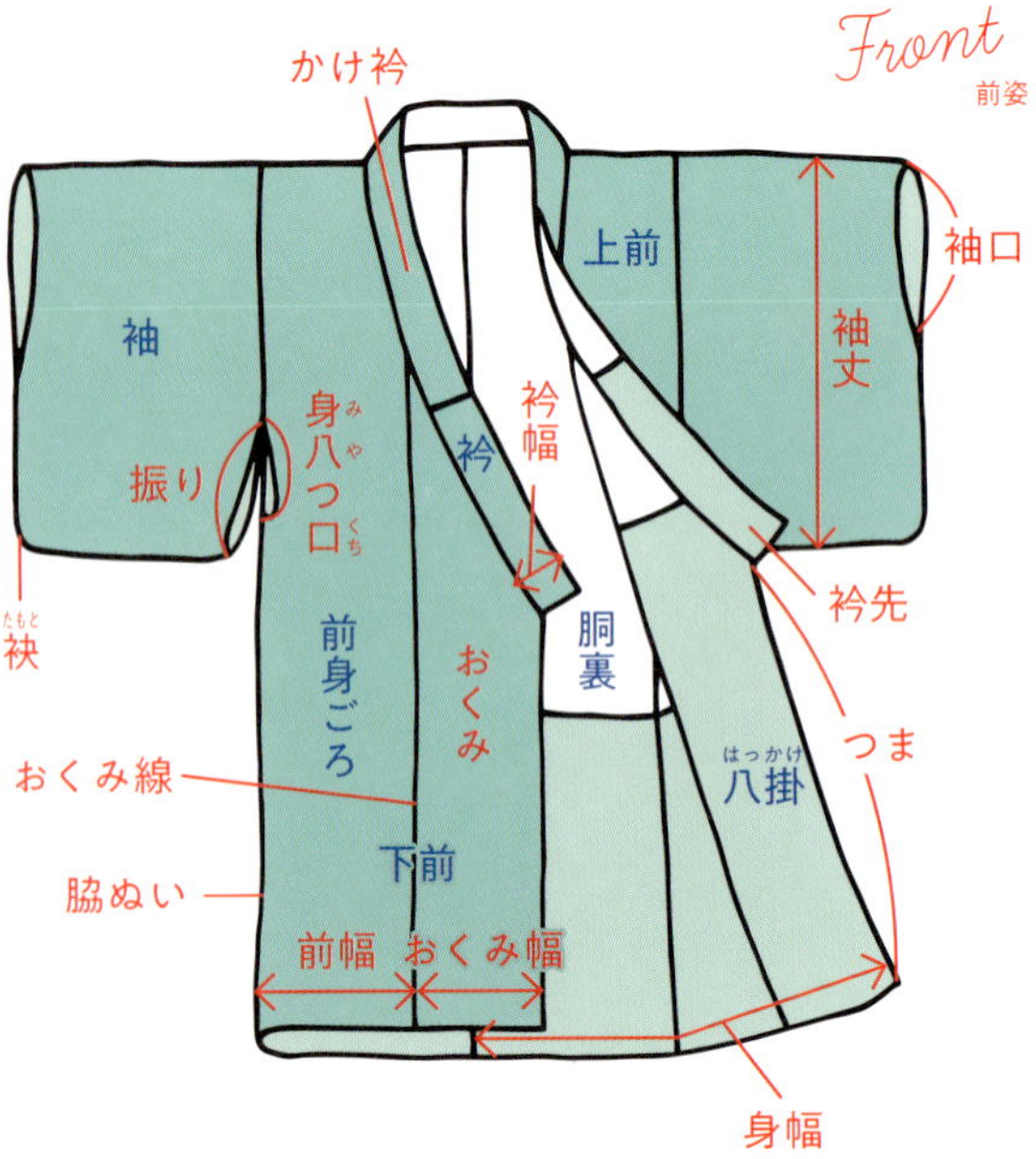

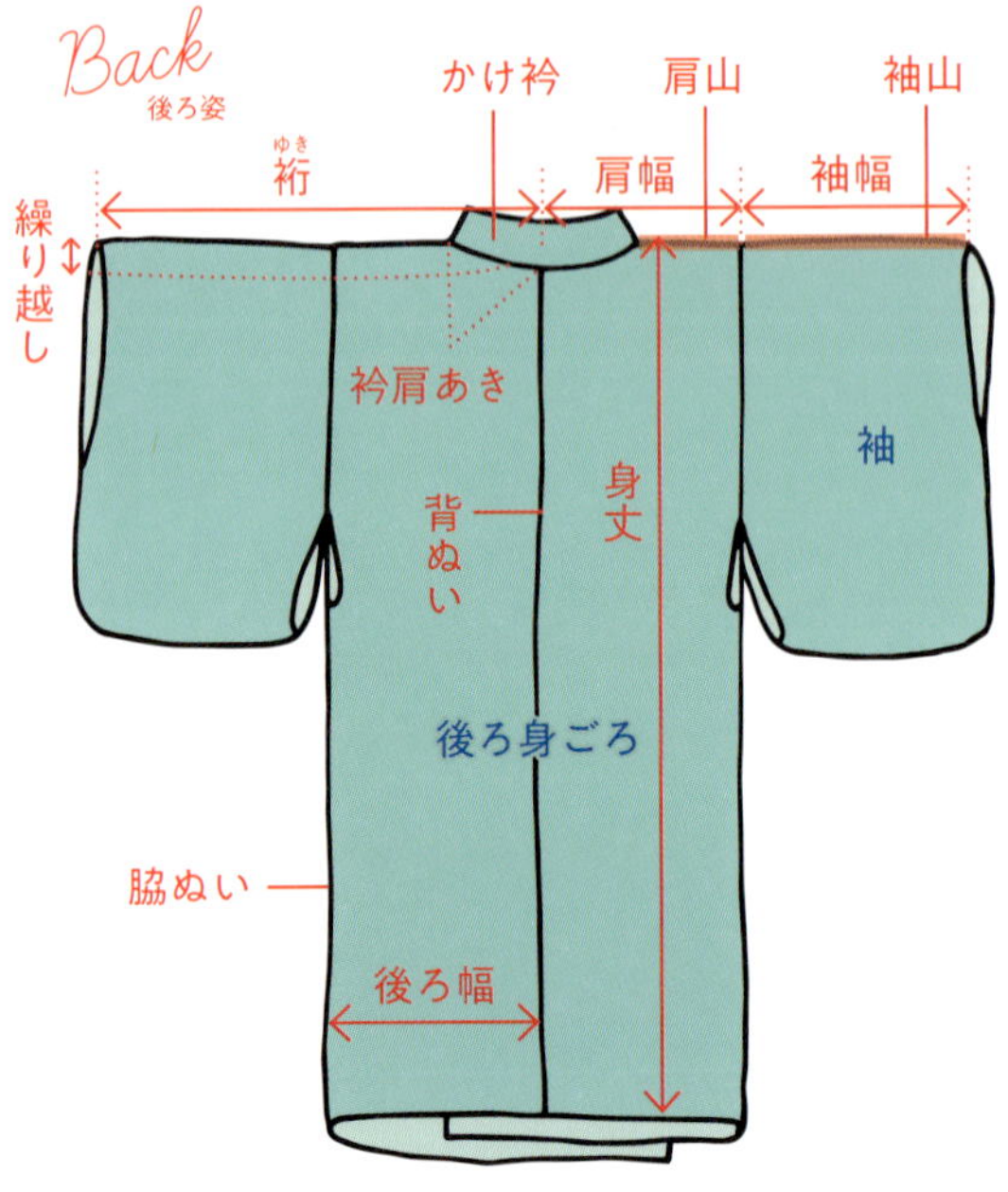

帯

和装の帯は、基本的に同一幅の長い布です。その幅や長さにより、「半幅《はんはば》帯」「名古《なご》屋《や》帯」「袋《ふくろ》帯」などと種類が分けられます。基本的な帯の種類と構造、柄つけによる種類などを紹介します。

基本の形

※テとタレは、左右が決まっている帯と、どちらを使ってもよい帯があります。

タレ先
テ先
お太鼓結びなどに使う部分
胴に巻く部分

半幅帯

半幅帯は、お太鼓結びで使う名古屋帯や袋帯の半分の幅に仕立てられた帯です。裏表違う生地の袷（写真）、袋状に織られて両面使える小袋、裏地がなく、生地の端をそのまま生かした地厚な単衣の帯などがあります。

幅：約15cm
長さ：約3m50cm～4m

袋帯

幅：約31cm
長さ：約4m20cm以上

袋帯は、二重太鼓や振袖でよく見る変わり結びなどができる長さの帯です。金銀があしらわれた、おめでたい吉祥（きっしょう）模様の袋帯は礼装用で、これを主に袋帯とよびます。写真のような金銀があしらわれていないものは「しゃれ袋」といい、礼装よりはカジュアルなおしゃれ着として使います。

名古屋帯

テ先
タレ先

幅：約30cm
長さ：約3m50cm～3m70cm

名古屋帯は、二重太鼓を簡略化した一重太鼓を結べる長さの帯です。大正時代に開発されましたが、いまでは和装の主流になっています。

柄つけの種類

全通柄
帯の全長に均等に模様があるもの。

六通柄
胴に巻けば隠れてしまう1周目の模様を省いたもの。

お太鼓柄
お太鼓結びで表に出る部分と、胴に巻く2周目の前帯にだけ模様を入れたもの。

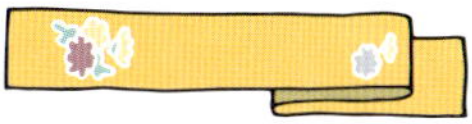

仕立て方いろいろ

名古屋仕立て（写真）
より結びやすくしたもので、胴に巻く部分をすべて、あらかじめ半分幅に仕立てています。

松葉仕立て
テ先の部分だけ半分幅に仕立てたものです。これも胴に巻く帯幅を好みで調整できます。

開き仕立て
テ先側を折らずに、開いた状態で裏地をつけて仕立てたもの。胴に巻くときに帯幅を好みで調整できます。

「はじめてさん」が用意したいもの

着物を着るとき、必要なものを1つずつ確認していきましょう。成人式などで使った道具や、身内から譲り受けたものなどが使えるかどうかのチェックもしてみては。

着物の選び方

着物の着つけは、着れば着るほど上達していきます。はじめてさんなら、何度でも気楽に着られる着物がおすすめ。高級な着物だと汚してはいけない、生地が傷んだらどうしようなどと練習どころではなくなってしまいます。まずは家で楽しんだり近所に出かけたりするつもりでラフな着物からはじめましょう。プレタ着物（既製品）やリサイクル品、お下がりなどからチェックして、自分にサイズが合うかを確かめましょう。

自分サイズを知る

着物も「大は小を兼ね」ますが、あまりにも大きいものは着姿も美しくなく、おすすめできません。自分に合うサイズを知っておきましょう。購入するときや、家にある着物を使うときに確認するのはおもに次の3か所です。

裄《ゆき》

腕を45度上げて、**背中心から肩＋肩から手首まで**を合わせた長さになります。家で着るなら多少短くてもOK。ただし、襦袢（じゅばん）を着るならサイズを合わせる必要があります。

腰回り

ヒップサイズから、前幅と後ろ幅のおよそのサイズが算出できます。

前幅＝ヒップサイズ÷4

後ろ幅＝ヒップサイズ÷4＋5.5cm

多少のサイズのずれなら、着るときに工夫することもできるでしょう。

着丈《きたけ》

背中心（せちゅうしん）で、衿のつけ根からすそ線までの長さのことです。身丈（みたけ）は着物のサイズのことで、着丈は着ることでおはしょりの分短くなった状態の長さのこと。**身丈は自分の身長±5cmくらい**が基本のサイズになります。

洗える着物なら　とても気軽

化繊や木綿、ウールの着物は、たいてい自宅で洗濯することができます。何度も着て練習するなら、洋服と同じ感覚で「汚れたら洗える」という安心感はとても大切。ただし、木綿やウールは洗濯すると、のりが落ちて風合いが変わることもあります。

バチ衿・単衣《ひとえ》着物が　かんたん&らくちん

着つけのときに、自分で衿を折ってととのえる必要がないバチ衿の着物は扱いがかんたんです。まずバチ衿で慣れてから、広衿に挑戦するのもよいでしょう。違いを体感すると、衿幅の意味もよくわかります。

　また、裏地つきの袷より、裏地のない単衣着物の方が、軽くて着るのもかんたんです。ただし裏地がない分すべりがよくないので、かえって着にくいと感じるなら袷をチョイスしても。

安価なものでOK！

サイズが合うなら、家にあるものでも、リサイクルショップのワゴンセールなどで入手したものでもよいでしょう。掘り出し物を見つけられたら、テンションも上がるはず！　まずは身近なもの、安価なものでそろえて、とにかく着る回数を増やしましょう。しだいに着物を見る目も養われていきます。

帯の選び方

帯の種類としては、半幅帯からはじめるのがおすすめです。帯揚《おびあ》げや帯締《おびじ》めを使わずに結べるので、手軽さがありますし、手順も少なくてすみます。とはいえ、やっぱり「お太鼓結びからはじめたい！」というなら、ぜひ名古屋帯をチョイスして。

半幅帯からスタートを

P.21を参考にして選びましょう。古いリサイクル品の場合は、帯幅が細かったり全長が短かったりするものがあります。太いものや長いものを選ぶようにすれば、困ることはありません。しめやすいのは絹の織りの帯ですが、化繊は安価でデザインも豊富です。

化繊の織りの袷帯

献上博多《けんじょうはかた》織の絹の半幅帯

あこがれのお太鼓結びなら　名古屋帯を

お太鼓結びをしたいなら、袋帯か名古屋帯ですが、初心者なら名古屋帯で一重太鼓からはじめましょう（→P.100）。名古屋仕立てなら、帯幅を折る手間がはぶけます（→P.21写真）。はりのある絹の織りの帯は、しめやすく、形をつくりやすいのでおすすめです。

襦袢・小物の選び方

着物を着るには、着物と帯以外にも必要なものがあります。着方によっては省けるものもあるので、1点ずつ確認していきましょう。使いまわしのしやすいものを中心に紹介します。

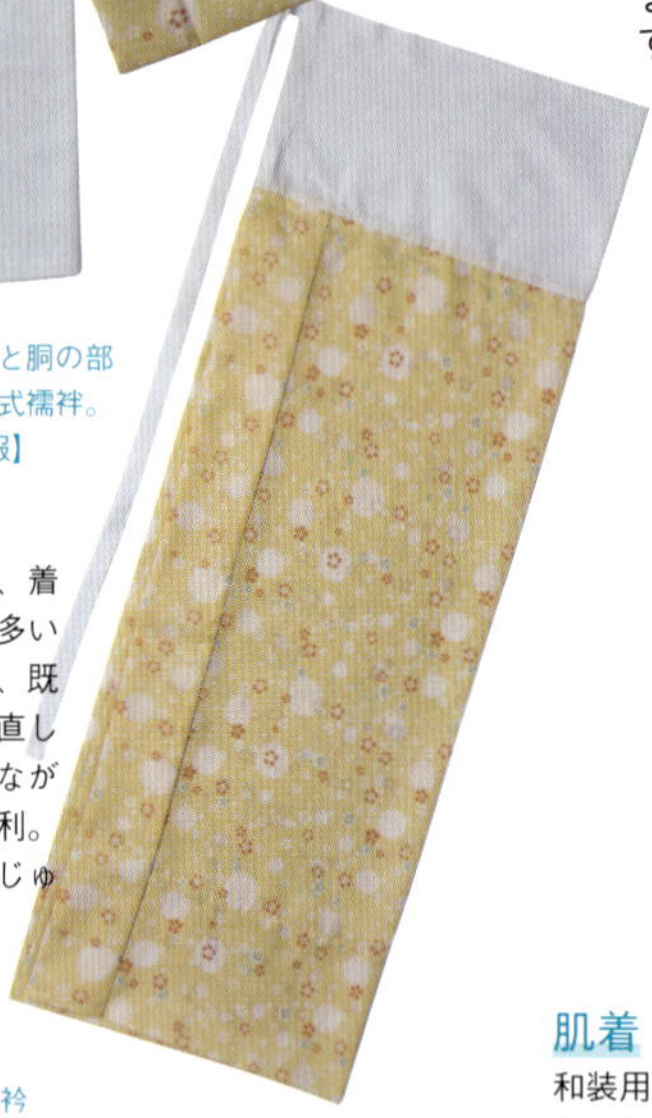

袖とすそが化繊で、体と胴の部分がさらし木綿の二部式襦袢。【リサイクルきもの福服】

襦袢《じゅばん》

襦袢の衿に半衿をぬいつけて、着物の内側に着ます。一般的に多いのはひと続きの長襦袢ですが、既製品は丈が合っていないとお直しが必要になるので、最初は着ながら丈を調整できる二部式が便利。上半身だけを「半襦袢（はんじゅばん）」といいます。

塩瀬の白い半衿

右から、絹ちりめんの半衿、化繊のプリント半衿、てぬぐい。てぬぐいは半衿としても使える。

半衿《はんえり》

襦袢の衿につける布です（→P.26）。汚れやすいのでつけかえて、洗いやすいようになっています。一般的なものは塩瀬（しおぜ）という素材の白無地ですが、色柄ものもカジュアル着には人気です。

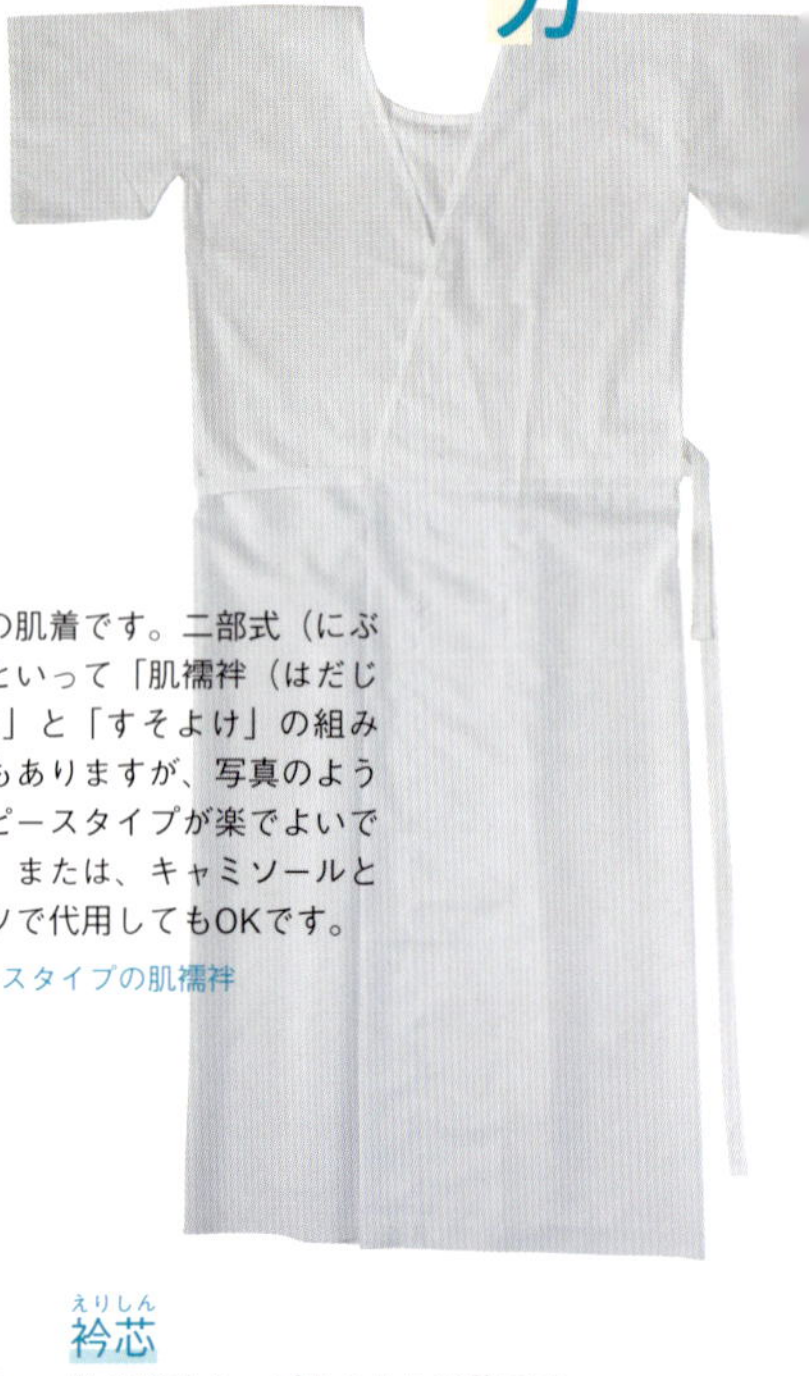

肌着

和装用の肌着です。二部式（にぶしき）といって「肌襦袢（はだじゅばん）」と「すそよけ」の組み合わせもありますが、写真のようなワンピースタイプが楽でよいでしょう。または、キャミソールとスパッツで代用してもOKです。

ワンピースタイプの肌襦袢

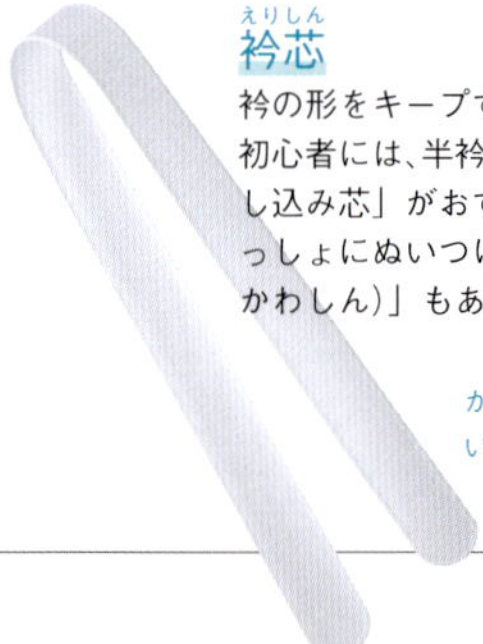

衿芯《えりしん》

衿の形をキープするための芯です。初心者には、半衿の内側に通す「さし込み芯」がおすすめ。半衿といっしょにぬいつける「三河芯（みかわしん）」もあります。

かたすぎないから扱いやすいメッシュのさし込み芯

帯板《おびいた》

前帯（お腹側の帯）を平らに保つのに必要な道具です。半幅帯は前で結んで最後に背中の方へ回すので、ずれないベルトつきの帯板がおすすめ。ベルトなしのものは前帯の1枚目と2枚目の間に入れます。

腰《こし》ひも・胸《むね》ひも

着つけをするときに使うひもで、おもに「腰ひも」として市販され、胸の下でしめるときに「胸ひも」とよびます。胸ひもは「コーリンベルト」でも代用できます。腰ひもはコーリンベルトを使わないなら、最低3本は必要。名古屋帯の帯結びでは「仮ひも」としてさらに2本使います。

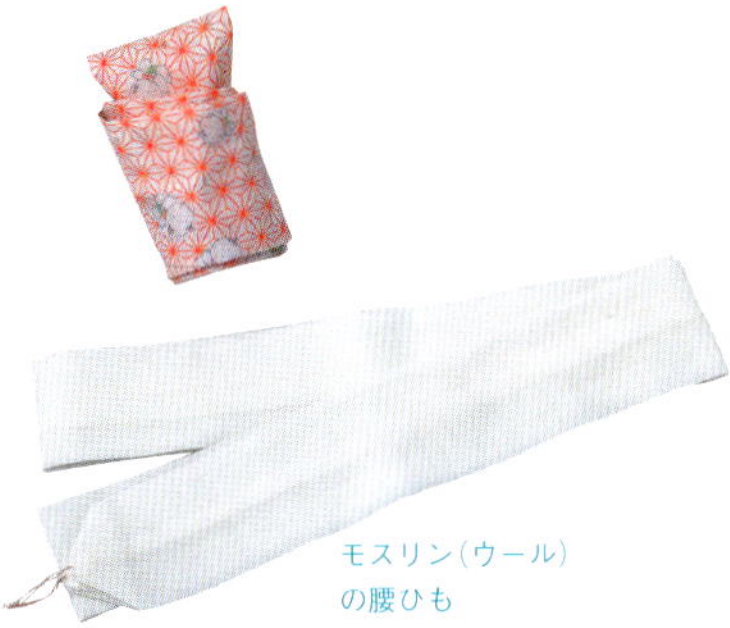

モスリン（ウール）の腰ひも

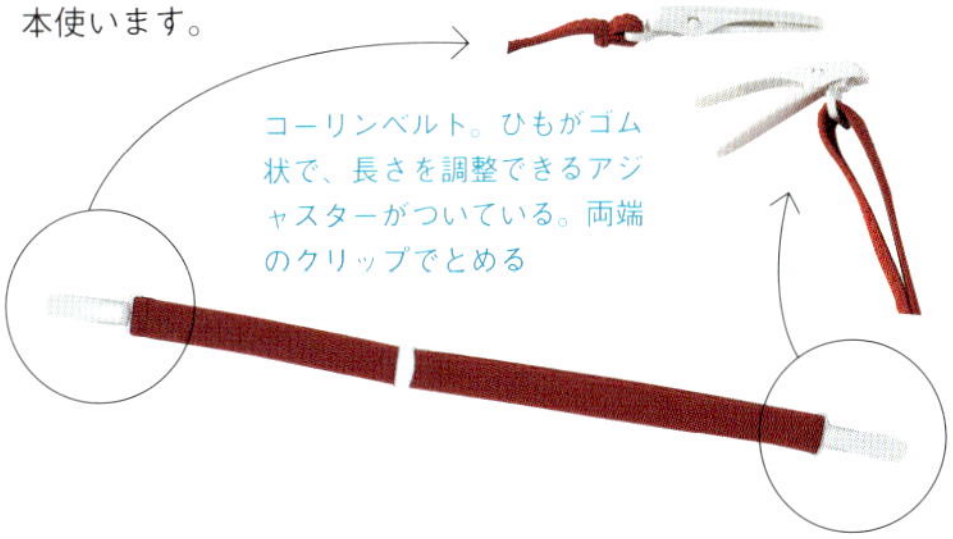

コーリンベルト。ひもがゴム状で、長さを調整できるアジャスターがついている。両端のクリップでとめる

濃い色の帯揚げはカジュアル向き

帯揚《おびあ》げ

前からはほんのちょっと見えるだけですが、着物と帯を仲介する重要なコーディネートのアイテムになります。帯結びの高さを保つ役割もあります。

伊達締《だてじ》め

襦袢や着物の衿の形をキープし、胴まわりの生地を落ち着かせるためにしめる幅のせまい帯です。絹の織り素材だと、しめやすいのでおすすめ。

博多織の伊達締め

基本の白足袋

足袋《たび》

和装の靴下です。白無地ならカジュアルからよそゆき、礼装まで使えます。日常着なら足袋ソックスなどをはいてもよいでしょう。

帯締《おびじ》め

帯結びを固定するためのひもです。飾りとして使うのもよいでしょう。組ひもタイプが結びやすくておすすめ。帯留め（おびどめ）を通すには、三分ひもや二分ひもといった細めのものを使うことも。

カジュアル向きの帯締め。下から、平組（ひらぐみ）、冠組（ゆるぎぐみ）、丸組（まるぐみ）、丸ぐけ

はきもの

和装には草履（ぞうり）や下駄（げた）を合わせるのが基本です。淡い色の草履が1足あれば、さまざまなコーディネートに合わせやすいのでおすすめです。

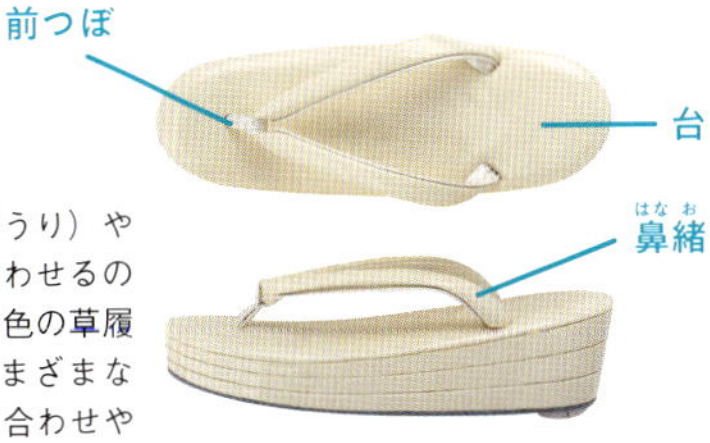

活用幅の広い淡い色の草履【辻屋本店】

半衿のつけ方

半衿もコーディネートの重要アイテム。肌に直接当たるため汚れやすくもあり、何度もつけかえることになります。基本のつけかたを覚えておきましょう。

1

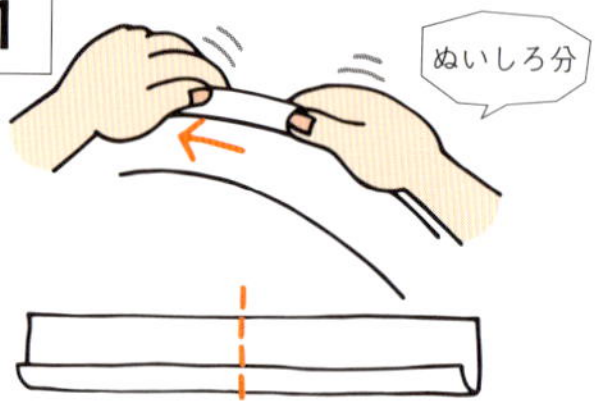

半衿の幅の一方（裏側）に、1cm分折って、筋をつけます。

2

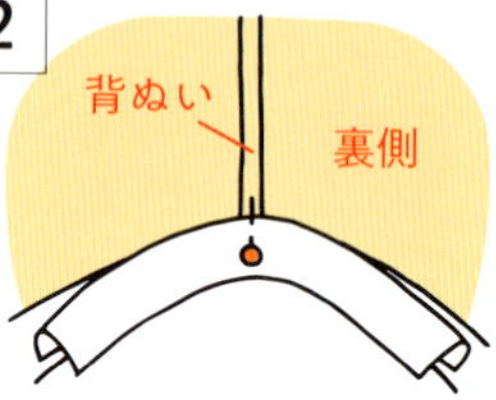

折った側の長さの中央を、襦袢(じゅばん)の裏側の背ぬい部分に合わせ、衿に1mm弱ずらしてかぶせて、まち針でとめます。

3

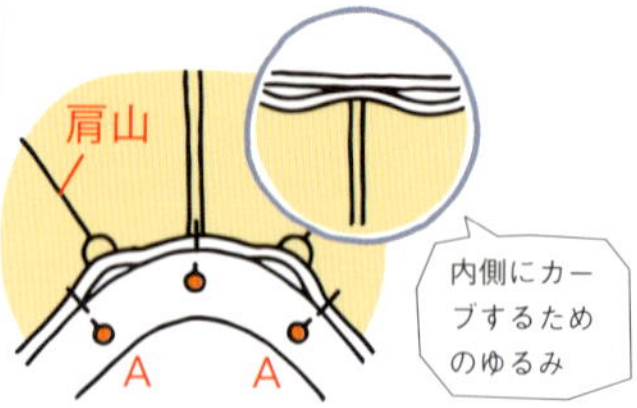

肩山の約5cm先で、ほんの少し襦袢がゆるむようにまち針Aをうちます。左右均等になるようにしましょう。

4

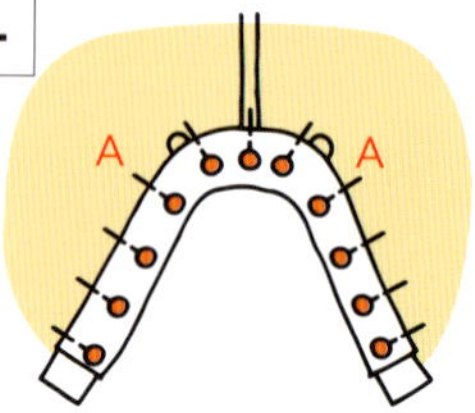

衿先までまち針をうちます。衣紋（えもん）は、背ぬいからAの中央にまち針をうちましょう。

5

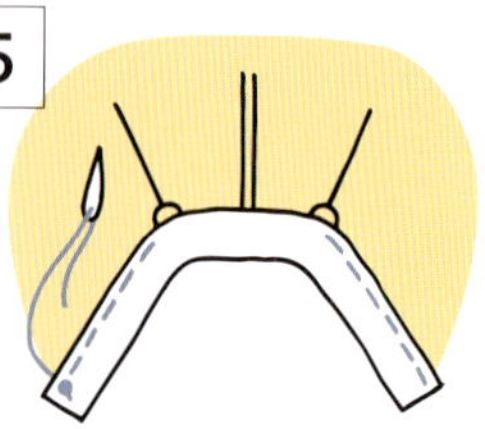

衿先からAまではざっくりとしつけぬいし、Aの間はぬい目が見えないようにまつりぬいをします。

6

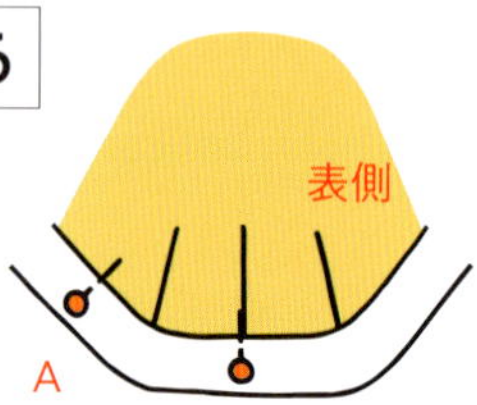

半衿を襦袢の表側の衿を包むように重ね、衿幅よりはみ出た部分は内側に折り込みます。背ぬい・A・衿先の順でまち針をとめてから、ぬいやすいように間をまち針でうめます。Aをとめるときは、衿全体を衣紋の形にカーブさせながら針をうつとよいでしょう。

7

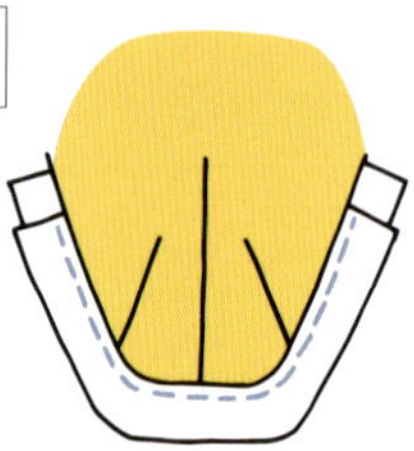

ざっくりとしたしつけぬいをしたらできあがりです。

さくら先生のアドバイス

慣れてきたら、簡略化しても。衣紋を抜いたとき（→P.18）外から見えるところだけは糸でぬい、ほかは布用両面テープや、安全ピンでとめてもOK。

Chapter

2

まずは着てみよう！

日常着物で着つけの練習

さあ、実際に着物を着てみましょう。
気軽でアレンジもできる半幅帯で
くりかえし練習するのがおすすめです。
もしも着物でつまずいてしまったら、
もっとかんたんな
ゆかたに挑戦するのもよいでしょう。

着つけの前に

着ている途中あれもこれも足りないと慌てて探しもの…。これではきれいに着られません。着つけの準備や流れをあらかじめ知っておくと、スムーズに着ることができます。

着つけの流れを知っておきましょう

❶ 必要なものを用意

コーディネートに必要なものや、肌着、道具類を「かがまずに」取れる場所に出しておきます。襦袢《じゅばん》には半衿をつけて衿芯を通しておきましょう。履物やバッグなども事前に出しておきましょう。

Point!

よそゆきで着るなら前日までに用意を

待ち合わせの時間が決まっていたり大事な用事で着物を着たりするのなら、かならず前日までに必要なものを確認し、用意しておきましょう。「アレはあるはず」はNG。長くしまっておいたものは、傷んでいる可能性もあります。汚れなどもチェックして、使えるものをそろえておくことが大切です。

傷みチェックと防虫剤などのにおいとりに一晩つるす
コーディネートは実際に配置してみて確認を

❷ ヘアメイクを先に

着物を着てからヘアメイクをすると、着くずれや着物を汚してしまう原因に。着つけを始める前に済ませておきます。トイレも済ませ、手をきれいにしてから着物にさわりましょう。ハンドクリームなどは着つけの後に。

❸ 着つけスタート

さあ、着つけをはじめます。できればざっと着方に目を通してから着るのがおすすめ。手順が少し長いな…と感じるかもしれませんが、要点だけ抜き書きすると、下記の「着る順序」のようになります。

さくら先生のアドバイス

まずは練習から

まずは、最後まで着てみてください。できあがった姿を見て、何が違うのか、どこが気に入らないのかをチェックしてみましょう。マイナス部分を知ることで、気をつけたいポイントがわかってきます。何度も着ることが、上達の近道です。

着る順序

肌着と足袋をつける
まずは内側から
襦袢をつける（下）
二部式は下から
襦袢をつける（上）
衿の形はココで決まる！
大きな布が……
着物を着る
美しい着物シルエットに
帯を結ぶ
これで仕上げ！
できあがり

美しい着姿を知っておきましょう

どのようなポイントを押さえておけば、着姿がきれいに見えるのか、お手本をよく見て「正解」を知っておくのは大切なことです。いわば、着つけのイメージトレーニングです。

Back
後ろ姿

衣紋（えもん）がこぶし1つ分くらい抜けているかチェックを。ここから半衿が飛び出していると、やぼったく見えるので気をつけましょう。

帯が左右のバランスのよい位置で、ちょうどよい高さにあるか、合わせ鏡などで確認を。

背中はすっきり平らで余分なシワがなく、だぶついていないことが、後ろ姿の印象を決めます。背ぬいが背中心をまっすぐ通っていることも大切。

左右対称の長さで、襦袢（じゅばん）などが飛び出ていないことをチェック。

すそ幅がまっすぐか、少しすぼまっているときれいです。足さばきがよいことも大切。巻き込みすぎて歩きにくいようでは、見た目も美しくありません。

着丈は足の甲につくかつかないかくらいが理想。

Front
前姿

着物の衿も半衿も左右対称に見えていると、顔回りの印象がアップします。衿のゆがみは清潔感を損なうので、特に注意しましょう。

身ごろがぶかぶかしていたり、シワが多く目立つのはよくありません。肩を上げると脇がゆるんでしまうので気をつけましょう。

前帯はゆがみなく、バランスのよい位置にあること。柄があるときは、その位置の調整も大切です。

おはしょりはすっきりしていて、長さは5cm程度が基本です。おくみ線がすそ側と合っていると、ていねいな着つけに見えます。

用意はOKですか？

着物の着つけに必要なもの

	着物	ゆかた
長着	サイズの合った着物を1枚	サイズの合ったゆかたを1枚
襦袢	二部式襦袢または長襦袢を1着	※着物風に着るなら、着物と同様に準備。または仕立て衿（P.86）や、半襦袢でもOK。
半衿	襦袢にぬいつけておく	
衿芯	襦袢の裏から半衿の内側に通しておく	好みで、ゆかたのかけ衿の内側に通す
腰ひも	襦袢で1本、着物で2本	2本
コーリンベルト	肩幅くらいの長さに調整しておく	肩幅くらいの長さに調整しておく
肌着	ワンピースタイプが便利	タンクトップとペチコートなどでよい
足袋	1足	基本ははだし
はきもの	草履、下駄など、装いに合わせて	下駄を用意
バッグ	装いに合わせて。洋服と同じものでも	装いに合わせて。洋服と同じものでも

帯結びに必要なもの

※和装用のクリップがあると便利です。

文庫結び・貝の口
P.62 ～ 63　P.48 ～ 51

半幅帯1本
短めのタイプでもOK。はりのある素材だと、形がきれいに決まりやすい。

帯板1枚

帯揚げ・帯締め
貝の口結びは、コーディネートとしてプラスしやすい。

リボン返し
P.66 ～ 67

半幅帯1本
長さのしっかりあるタイプで、リバーシブルタイプがおすすめ。

帯板1枚

帯揚げ
タレを固定するのに使用。

帯締め
リボン結びの下に通して、プラスしても。

半幅角出し・矢の字結び
P.68 ～ 69　P.64 ～ 65

半幅帯1本
長さのしっかりあるタイプで、リバーシブルタイプがおすすめ。

帯板1枚

帯揚げ
帯結びに必要

帯締め
帯結びに必要

へこ帯リボン
P.59 ～ 60

へこ帯
好みのへこ帯を1本

帯板
使用しなくてもOK。使用する場合、帯が透けるタイプの場合は色に気をつける。

帯締め
コーディネートとしてプラスしやすい。

Lesson 01

着物の着つけ

さあ、いよいよ着つけスタートです。手順に沿って着ていけば、きっと着られます。はじめは時間がかかったり、うまくできなくても、練習を重ねれば上手になるでしょう。

PROCESS

肌着をつける

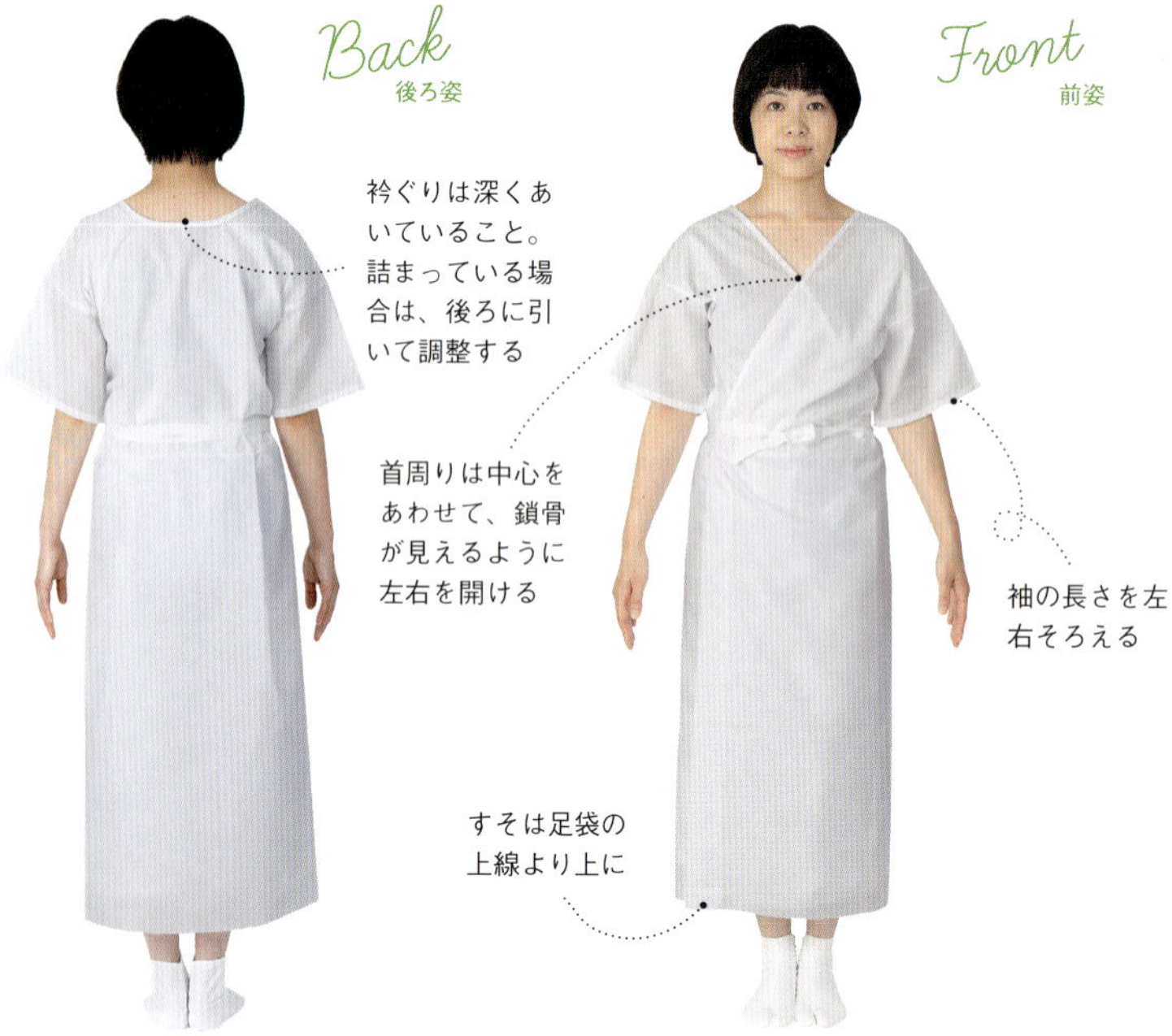
Back
後ろ姿
Front
前姿
衿ぐりは深くあいていること。詰まっている場合は、後ろに引いて調整する
首周りは中心をあわせて、鎖骨が見えるように左右を開ける
袖の長さを左右そろえる
すそは足袋の上線より上に

肌着を着ます。写真は上下つながった着物スリップで、ひもがついています。袖を通したら右側、左側の順で前を合わせ、左側の脇の穴からひもを出し、右側のひもと後ろで交差させて前で結びます。

Point!

その他の下着の場合

肌襦袢＋すそよけ
昔ながらの肌着です。肌襦袢は前で合わせるだけです。

筒状の着物スリップ
カットソー生地で、たいてい下からはけます。

洋服用肌着
上半身はブラトップや、キャミソールなど、下半身はステテコやペチコートでも。

さくら先生のアドバイス

肌着の下は？

ふだんつけているものでOK。ブラはつけなくてもかまいませんが、つけるならノンワイヤーを。スポーツタイプの場合、衣紋から見えないように背中が開いていることを確認します。ショーツは、ハイウエストでは帯の内側に入ってしまうので避けましょう。

PROCESS

足《た》袋《び》をはく

めくって 01

足袋のふちをめくって、はきやすくします。

つま先を入れて 02

足の指先まで入れて、しっかりと手前に引きます。足の指先を少し動かしながら入れると、入れやすくなります。

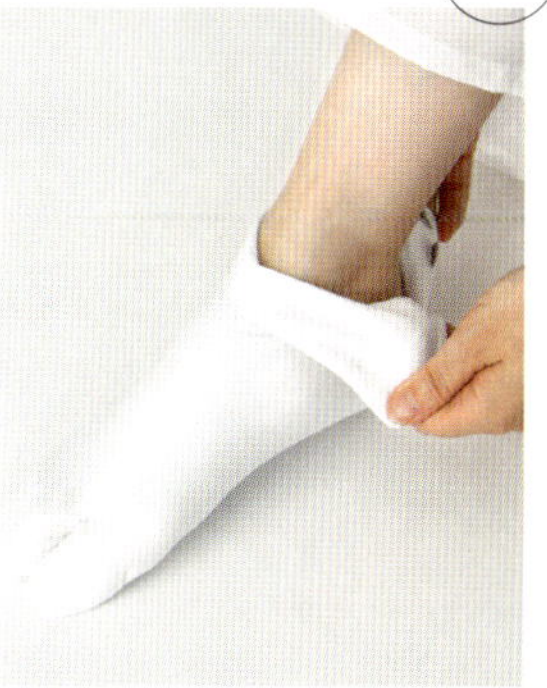

ていねいに！

かかとも入れて 03

かかとを入れたら、上に引いてきれいにおさめます。後ろ側の重なりを踏むと痛くなるので、しっかり引いておくことが大切です。

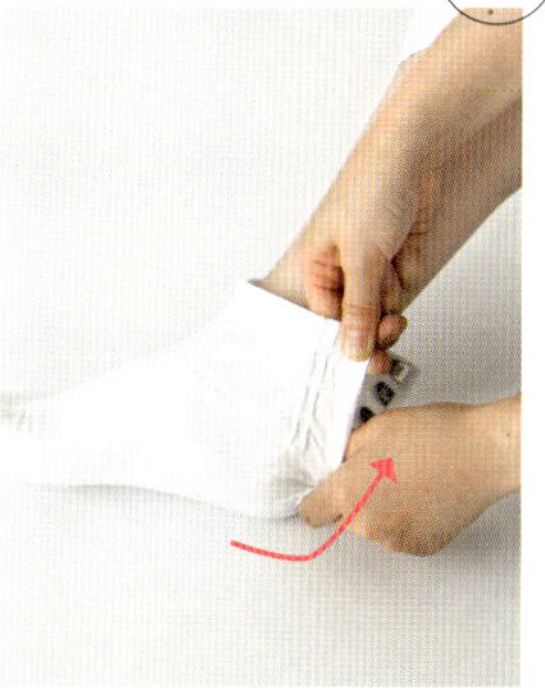

こはぜをとめて 04

こはぜは下から1つずつ、しっかりループに押し込みながらとめていきます。ループは2段あるので、きつい場合は外側のループで。

足になじませる 05

上までこはぜをとめたら、生地をなでて足全体になじませます。

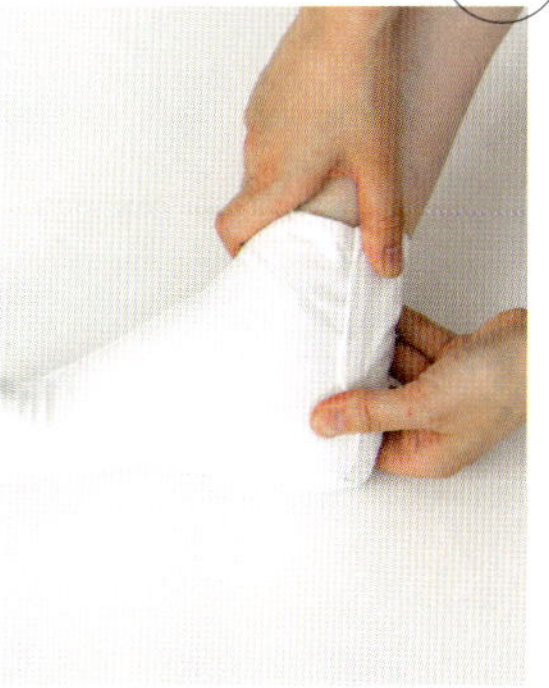

できあがり

Perfect ◁

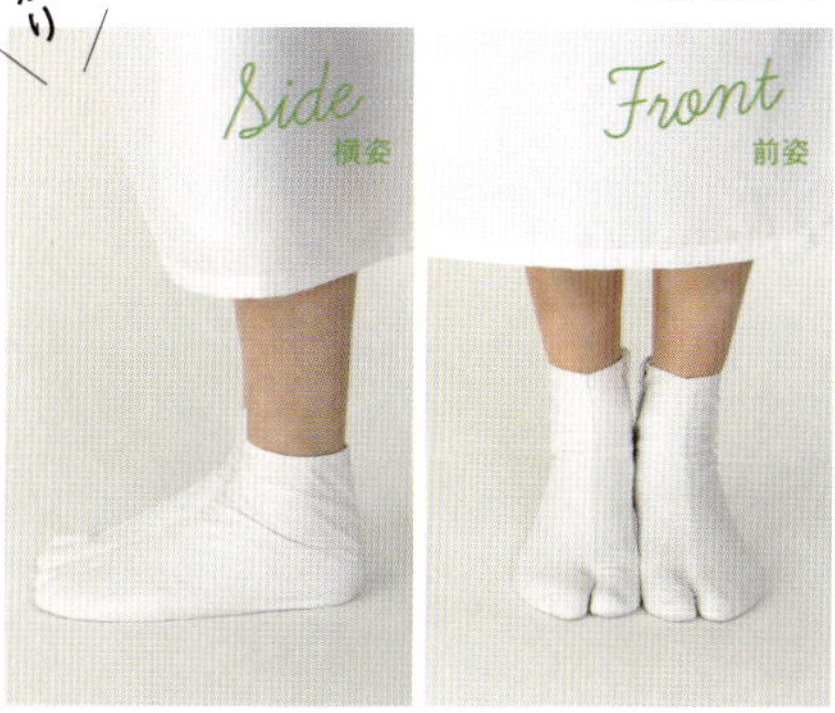

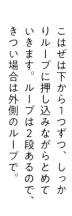

襦袢《じゅばん》（二部式《にぶしき》）を着る

着丈を決める 01

二部式襦袢は下半身からつけます。幅の中央を背中心にあて、すそ線を水平に保ちながら、着丈の位置を決めます。

すそ線

Zoom up

襦袢の着丈は、くるぶしがギリギリ隠れるくらいの位置が基本です。

下の身ごろを合わせる 02

上前の位置を決めてから、一旦開き、下前・上前の順で身ごろを合わせ、ひもを後ろで交差して、前でちょう結びにします。

つま
（上前の端）
上前

決めた上前幅をずらさないこと！

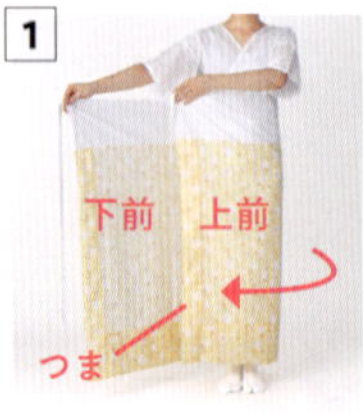
1
下前
上前
つま

上前のつまを腰幅あたりに合わせる。丈はずらさない。

2

一旦上前を開き、下前を合わせる。脇より後ろに行く生地は手前に折り返す。

3

上前を戻して、ひもを持ち、後ろで交差させて前へ。

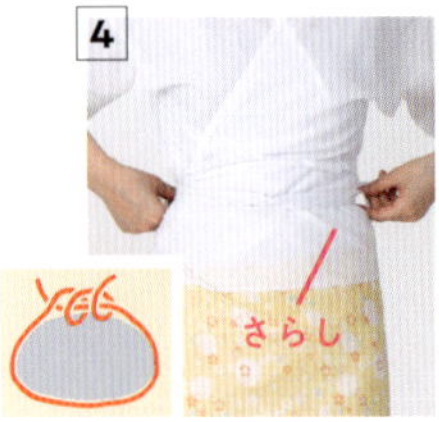
4
さらし

さらしの上で2回通して結び（左の図）、左右を入れ替えて、先端を脇にはさむ。

case by case

長襦袢の場合

上下ひと続きの長襦袢を着るなら、袖を通し（二部式の③）⇒衣紋を抜き（④）⇒衿を合わせ（⑤）、胸ひもと伊達締めをしめます（⑥⑦）。

半襦袢に袖を通す 03

身八つ口から手を出さないように気をつけて!
身《み》八《や》つ口《くち》

半襦袢(上半身)に袖を通し、左右の袖山(袖の折り目)を持って引き、中心を合わせます。

衣紋《えもん》を抜く 04

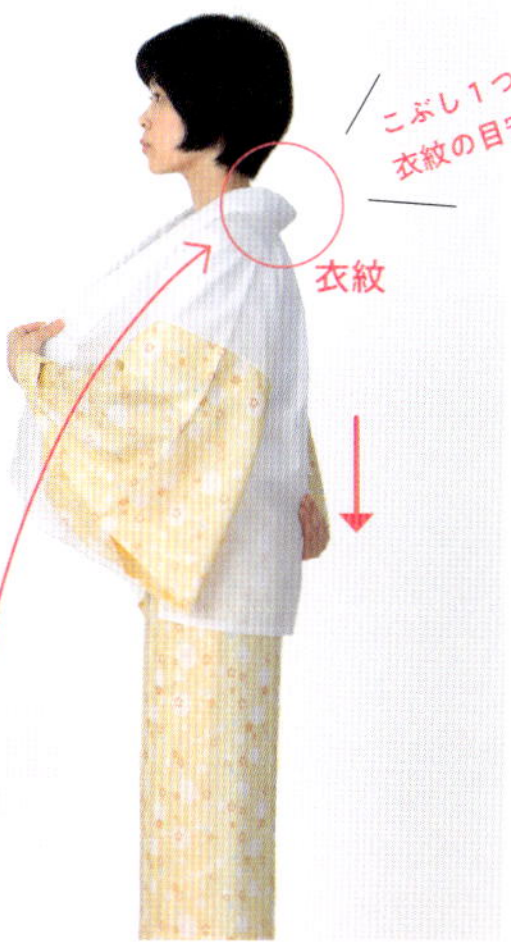
こぶし1つが衣紋の目安!
衣紋

左右の衿を合わせて片手で持ち、もう一方の手で背中心を下に引いて、衣紋を抜きます。

Zoom up

衣紋は詰まりやすいので、少し広めにあけておくとよいでしょう。慣れたら好みで調整するのもOK。

衿芯《えりしん》を通しておく

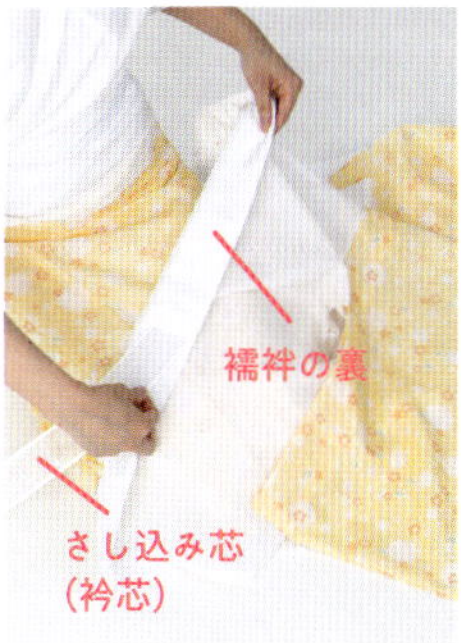
襦袢の裏
さし込み芯
(衿芯)

市販品の二部式襦袢の衿芯は、ほとんどがさし込み芯を入れるタイプです。はおる前に半衿の内側に衿芯を通しておきましょう。入れる位置は襦袢の裏から。左右均等になるよう、調整します。

case by case

三河芯《みかわしん》の場合

半衿といっしょに襦袢の衿に縫いつけておく必要があります。お裁縫は苦手という人には、さし込み芯がおすすめ。

中心を合わせる

衣紋を抜く前に中心をもう一度合わせておきます。衿先や半襦袢の左右の身ごろの角などを目安にするとよいでしょう。

襦袢（二部式）を着る

05 衿を合わせる

ていねいに！

決めた衣紋《えもん》の抜きを引っ張らないように、下前（右）・上前（左）の順で衿を合わせます。

衣紋の抜きを
ずらさないように
注意！

衿の位置の目安

1 上前を開き、下前の衿の縁がのどのくぼみあたりを通り、胸を包むように身ごろを合わせる。

2 上前も下前同様に合わせ、左右対称になるように調整する。

06 胸ひもをしめる

衿の位置をずらさないように、胸ひもを前にあて、後ろで交差して前で結びます。苦しくない力加減で締めましょう。

胸ひも

※背に衣紋抜きがある場合は、その上を通します（下の4参照）。衣紋抜きにあるループに胸ひもを通してもよいでしょう。

胸ひものしめ方

1 右手で身ごろを押さえ、ひもの中央あたりをあてる。

2 後ろで交差させたら、一度キュッとしめ、前で2回からめて結ぶ。

3 ひもを左右入れかえ、端をひもにはさんでとめる。

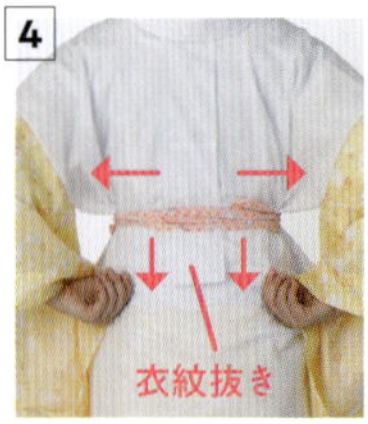
衣紋抜き

4 身ごろのシワを脇に寄せる。背中は、とくにていねいに。

one point !

衿もとは顔の印象に大きく影響します。自分に合った衿の角度、開き具合を探してみてください。

襦袢《じゅばん》のできあがりチェック！

Front 前姿

衿の交差はのどのくぼみあたり

身ごろに余分なシワはない

上前のつまは腰の幅あたり

袖は左右均等

Side 横姿

衣紋はこぶし1つ分抜く

背中はシワがなくすっきりしている

着丈はくるぶしがちょうどかくれるくらい

さくら先生のアドバイス

次に着物を着ますが、襦袢の着つけが着くずれないように気をつけましょう。肩の上げすぎに注意を。

伊《た》達《て》締《じ》めをしめる 07

伊達締めで身ごろを安定させます。前にあて、後ろで交差して前で結びましょう。

伊達締めのしめ方

1 伊達締めの中央を胸の上にあて、胸の下にすべらせる。

2 後ろで交差させるとき、外側は真横に、内側は斜め下方向に向ける。

3 内側を斜めに折り上げ、キュッとしめてから、前へ。

4 2回からめて結び、左右を入れかえて先端を巻いた伊達締めにはさむ。(→P.46)

着物を着る

01 着物をはおる

着物の衿を持ち、背中から肩にかけます。襦袢《じゅばん》の衿をずらさないように、はおりましょう。

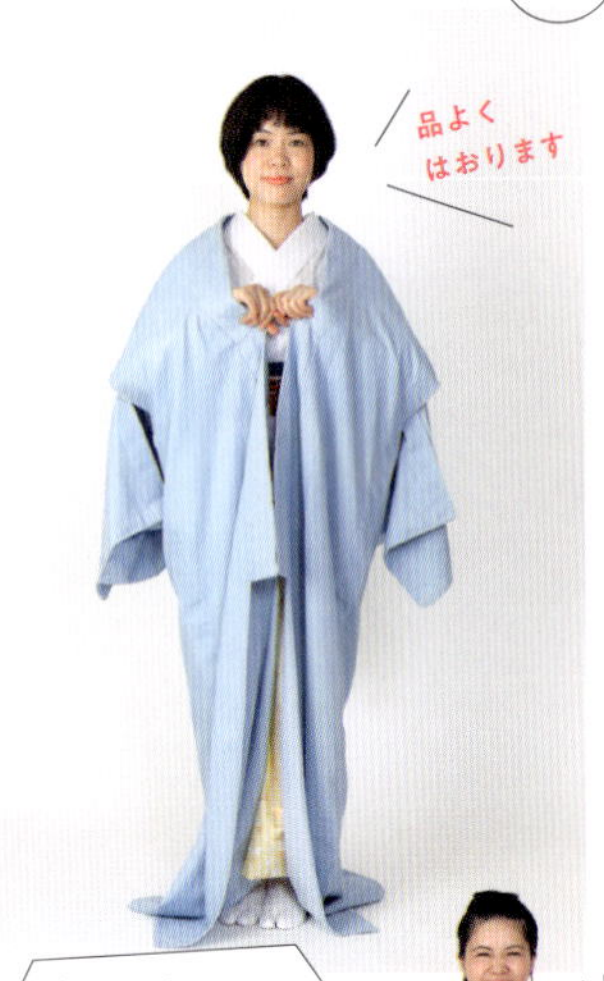
品よく
はおります

バサッと上からはおるのはダメ。きれいに着た襦袢の着つけが乱れてしまいます。

コレはNG!

02 袖を通す

襦袢の袖を持ち、着物の袖に入れ、中で襦袢の袖を落とし、手を袖口から出します。片方ずつ行いましょう。

美しくはおるコツ

1

かけ衿線
Zoom up

かけ衿線を左右をそろえて片手で持つ。

2

着物の裏が内側になるように背中に持っていく。

3

もう一方の手に片方の衿を渡して開く。

4

片方ずつ肩にかける。

襦袢と着物の袖を合わせる

肩から着物が落ちないように、通さない方の手で着物の衿を押さえ、通す手で襦袢の袖を持って、着物の袖に入れます。

襦袢の袖

振り

中で襦袢の袖を落として手を出したら、振りで着物と襦袢の袖を一緒に持ってパタパタゆらし、生地をそろえましょう。

中心を合わせる 03

袖口の袖山（袖の折り目）を持ち、左右に均等に引いて着物を中心に合わせます。

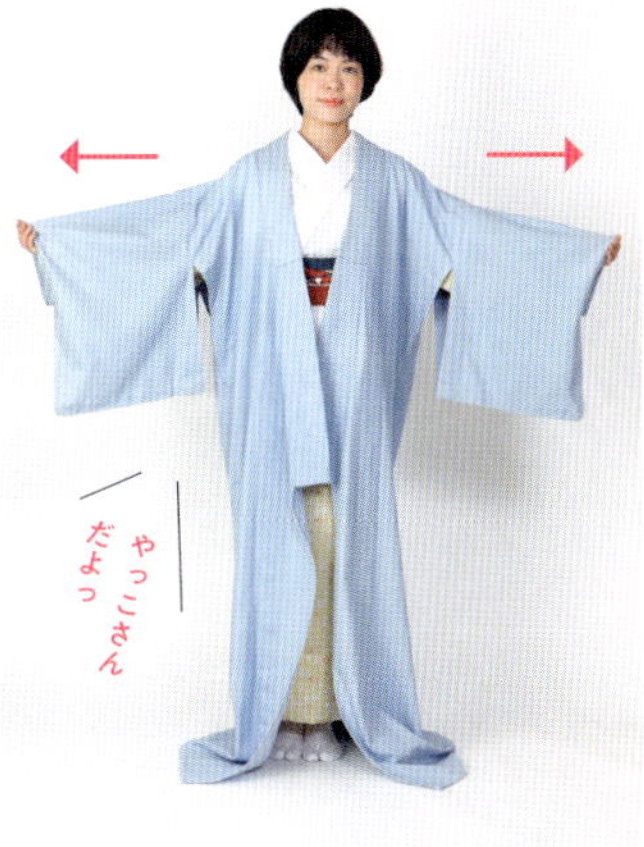

後ろはさわって確認を

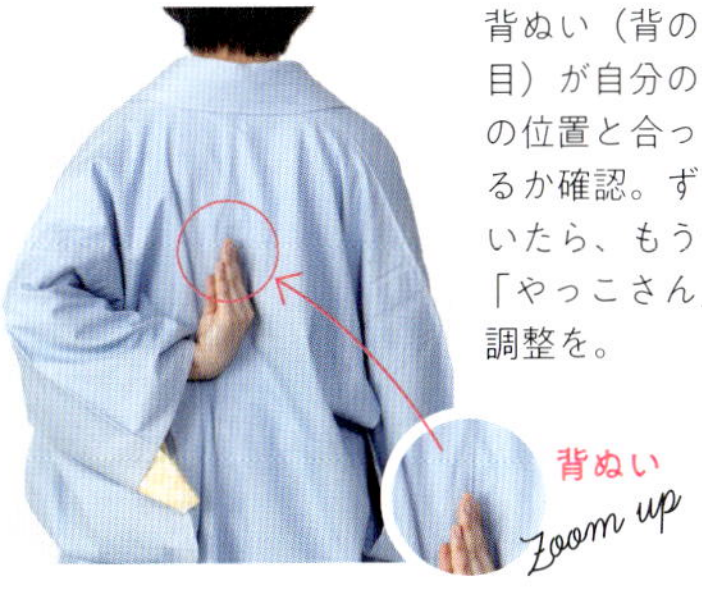

背ぬい（背のぬい目）が自分の背骨の位置と合っているか確認。ずれていたら、もう一度「やっこさん」で調整を。

知れば納得!

布の面積が広いからこその作業

着物は面積が広いので、袖の左右の位置が合ったと思っても、背中がずれていることも。中心はていねいに確認しましょう。

すそを一旦上げる 04

中心を合わせてから、一旦短めにすそを上げます。

※着物を体から少しはなして一旦高めにすそを上げてから、体に沿わせて少しずつ下げてすそ線を決めます(05)。下からすべり上げると、襦袢のすそも上がってしまうからです。

すその上げ方

1

衿先をそろえ、その少し上を左右に持つ。

2

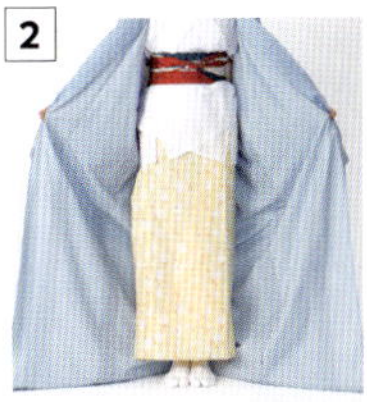

すそ線を水平に保てるよう、衿を深めに持ち、着物を左右に開く。

3

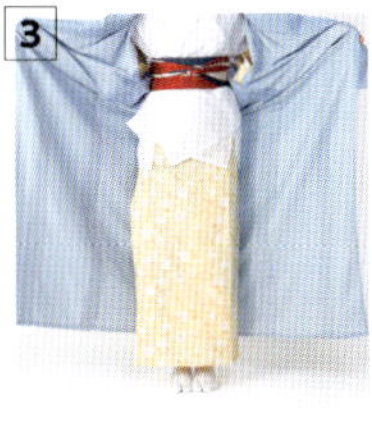

襦袢のすそより少し上になるよう、すそ線を水平に一旦上げる。襦袢が上にずれないように注意。あげたら、布がお尻にあたるように前方に引き、すそ線をキープする。

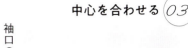

ていねいに！

着丈を決める 05

04で上げたすそを、少しずつ下げて着丈（すそ線）を決めたら、衿先を前方へ引いて、丈を保ちます。

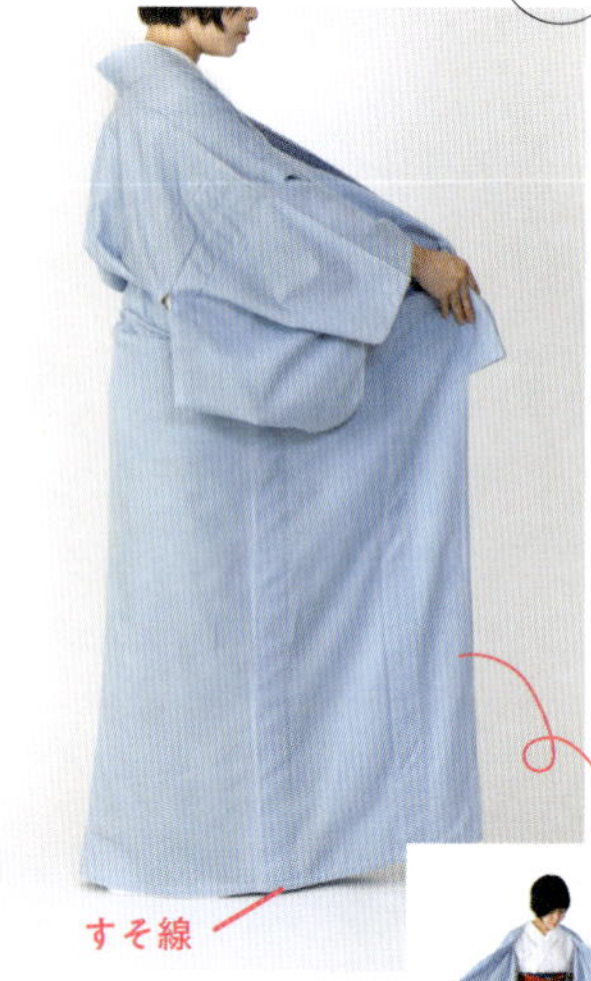
すそ線

上前の位置を決める 06

すそ線の位置をそのままに、左側の上前の脇線を左足の側面に合わせ、つまが腰幅の位置になるよう調整します。

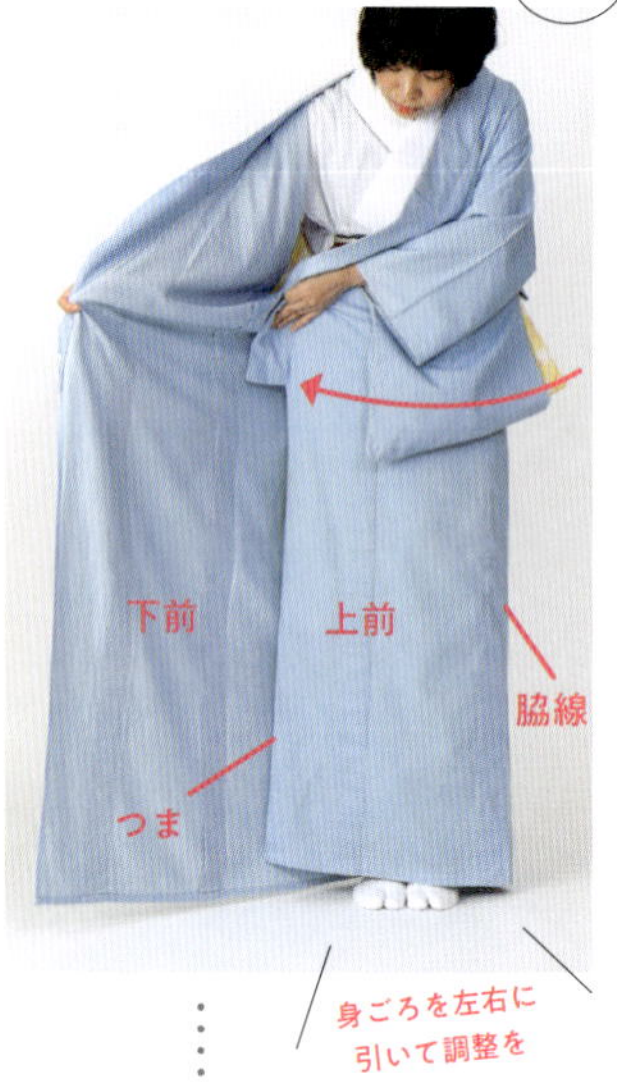
下前
上前
脇線
つま
身ごろを左右に
引いて調整を

シワをのばす

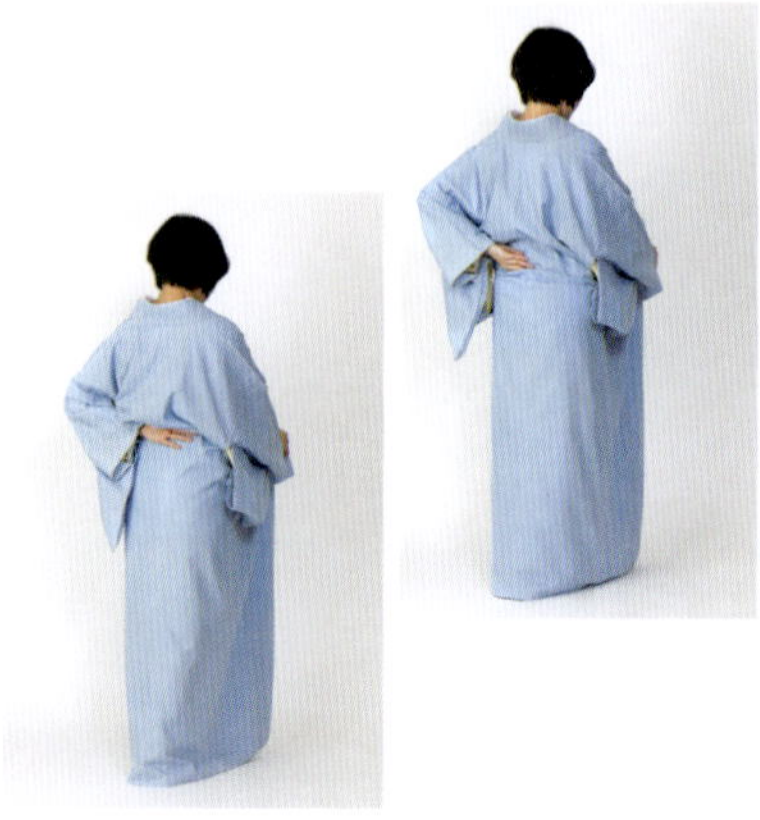

後で腰ひもをしめるときにじゃまになるので、一旦腰上あたりまでシワをのばします。このとき、片手で衿先を前に引いて、すそ線が下がらないようにしましょう。

つまの位置

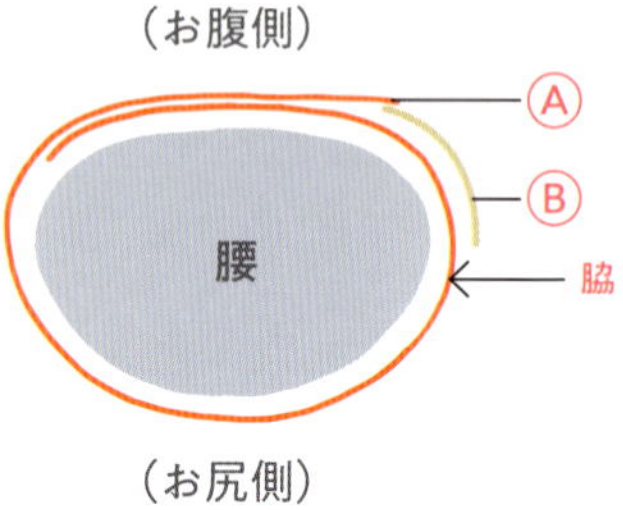
（お腹側）
A
B
腰
脇
（お尻側）

つまは腰幅の位置が基本です。正面から鏡で見て、ちょうど腰がかくれるくらいの位置にします（A)。脇（B）より後ろへ巻くのは避けましょう。巻き込むと歩きにくくなってしまいます。

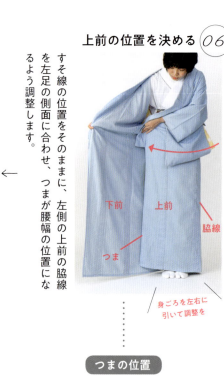

下前を合わせる 07

⑥で合わせた上前を少し開き（写真では見やすくしています）、下前を体に合わせます。脇より後ろへ行く部分は手前に折り返しましょう。

美しく、歩きやすく

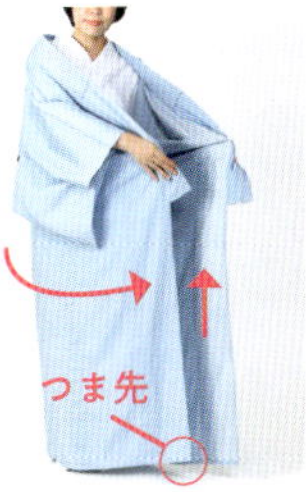
つま先

Point 1

下前は、すそ線を水平に保ちながら体に合わせていき、最後に少しだけつま先を上げます。はじめから斜め上に合わせると、全体がゆがんでしまうので気をつけましょう。

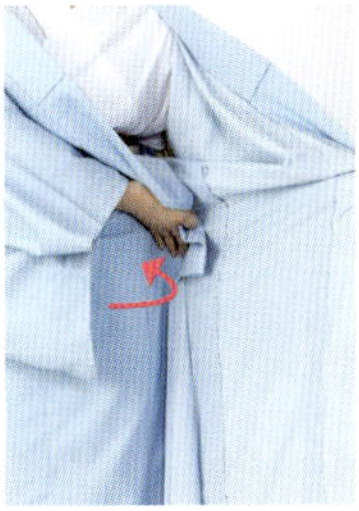

Point 2

水平に合わせ、最後に指先を曲げるくらいでOK。上前を脇でぴったり引いていれば、それがストッパーとなって自然につまが手前に折り返されます。

上前を合わせる 08

下半身の形が決まります

⑥で決めた位置に、上前を合わせます。腰ひもをしめるまで、位置がずれないように気をつけましょう。

右手の抜き方

左手で上前を合わせながら、少しずつ下前を押さえている右手を抜きます。左手のひじで下前を上から押さえ、さらにぴったり上前を引きながら体に合わせることで、下前を上から固定することにも。右腰まで上前がきたら、下前はもう大丈夫です。

上前を合わせたら、右手を抜いて、右下腹部を手のひら全体でおさえれば、左手をはなせる
合わせはじめに、ひじで下前を上から押さえる

腰ひもを巻く 09

腰ひもの中央を、おへその少し下の高さにあて、後ろで交差させ、前に回します。

洋服のようにウエストで腰ひもをしめるのはダメ！苦しくなるうえ、着くずれしやすくなります。

腰ひもを結ぶ 10

腰ひもは体の中央より左右どちらかによけて片ちょう結びにします。ゆるみにくく、結び直ししやすい結び方です。

腰ひもを巻くコツ

形を保つ

着物を押さえている右手に、腰ひもを左手で渡し、左手を左へすべらせるようにして前に通します。そのままひもをはるようにしながら、体に手を押し付けて後ろへもっていけば、形をキープできます。

しめるのは後ろ

腰ひもを後ろで交差させたら、キュッと1回しめます。後ろでしめれば腹部は苦しくなりにくいのです。

腰ひもの基本結び

1 中央を避けた位置で結ぶ。帯を結んだときに結び目があたると痛くなるため。

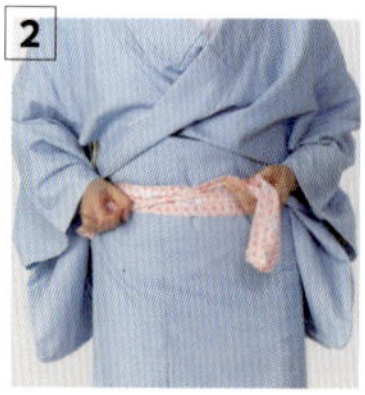

2 2回からめてキュッとしめる。下腹部に力を入れてしめのがおすすめ。

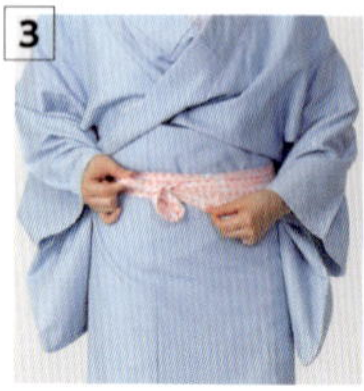

3 ゆるまないよう、片ちょう結びにする。

4 たれる部分は巻いたひもにはさむ。

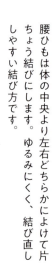

11 シワをとる

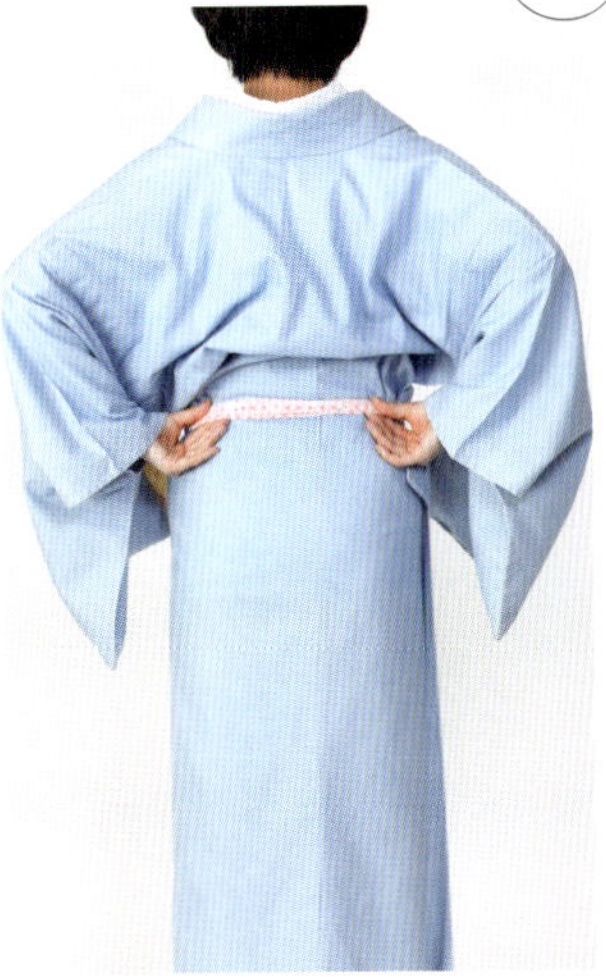

⑩でしめた腰ひもの周囲にできたシワを、両脇によせます。指を入れてしごいたり、生地をつまんで引いたりしましょう。

12 おはしょりをととのえる

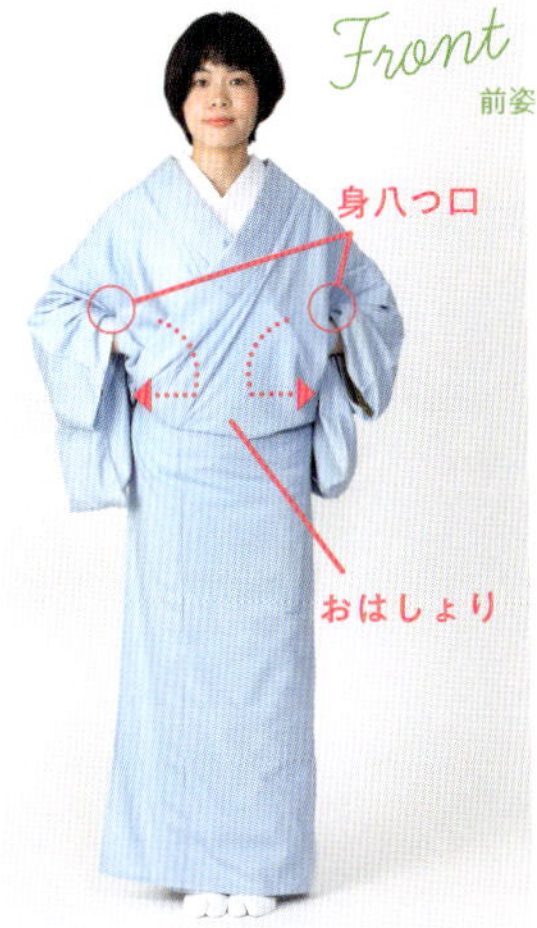
Front
前姿
身八つ口
おはしょり

身《み》八《や》つ口《くち》から、襦袢《じゅばん》の外側・着物の内側に手を入れ、おはしょりの底をなでて上半身の生地をすっきりさせます。

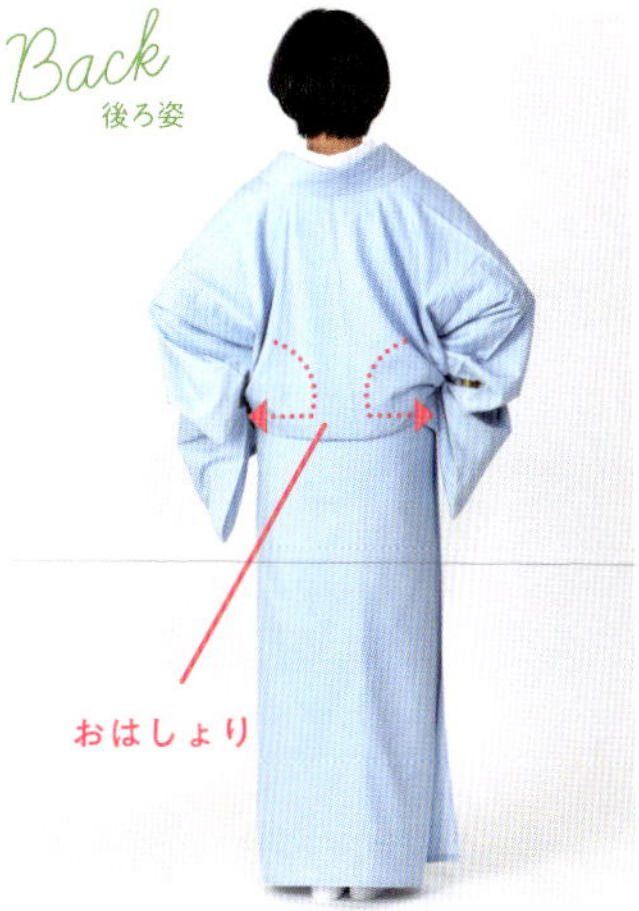
Back
後ろ姿
おはしょり

同様に手を入れ、後ろ側のおはしょりも平らにならします。強く押しすぎると、すそが上がってしまうことがあるので注意を。

さらに着くずれチェックも！

その1

ゆるみはないか

シワをとると、その分ひもがゆるんでしまうことも。ゆるんでいたら、ほどいて結び直すこと。

その2

着丈は大丈夫か

ひもでしめることで丈が上がったり、巻くときにずり落ちたりしてしまうことも。鏡で確認して、微調整ができなければ、⓪④からやり直しを。

その3

衣紋《えもん》はつまっていないか

衣紋は着物の構造上、前に詰まってきやすいもの。ここで一旦、着物のすそをめくり、襦袢の後ろを引いて衣紋を抜くのがおすすめ。二部式の場合は、半襦袢のすそを引く。

衿を引き寄せる 13

着物の衿をしっかり左右に引いて、下前と上前の身ごろの重なりを整理します。

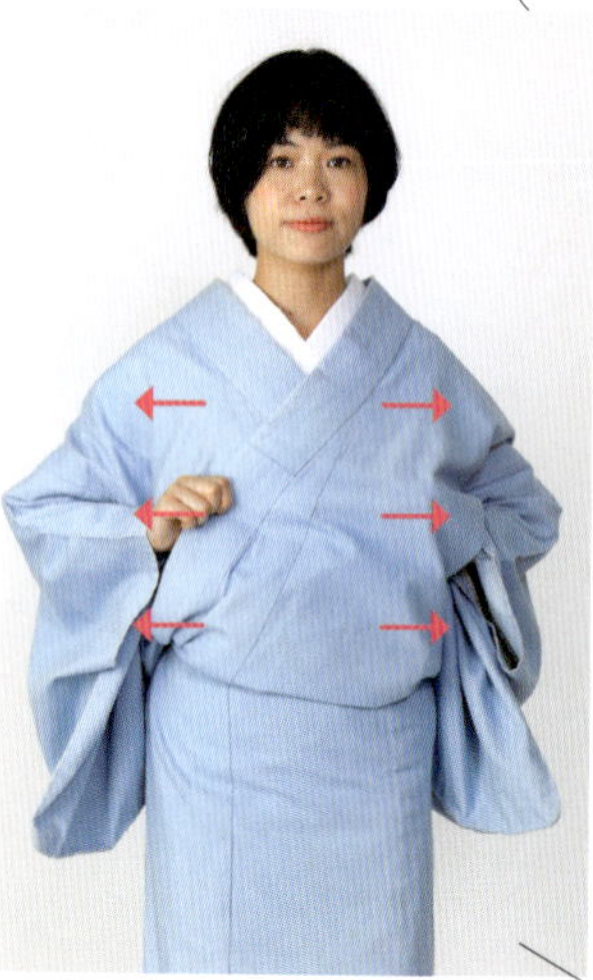

オーバーに引き寄せます

ていねいに！ 衿を決める 14

襦袢《じゅばん》の衿に沿わせ、下前・上前の順で着物の衿をととのえます。半衿は指の第一関節くらいの幅を出すのが基本です。

耳の下から後ろ側は、半衿が見えないように衿の位置を決めます。耳の下から少しずつ半衿を出しましょう。

衿寄せ３段階のポイント

衿をゆるみにくくするためにも重要な動作です。左手を身八つ口（みやつくち）から入れて下前の衿を持ち、右手で上前の衿を持って、しっかり引き合わせます。半衿が隠れても OK。これを、上・中・下と上から３段階で行ってから、衿をととのえるようにしましょう。

case by case

広衿の場合

衿幅がバチ衿の倍幅ある広衿は、幅をだいたい半分に折って着ます。着物を着る前にスナップや糸などで衿の幅を折って着はじめ、⑬で幅を決めます。耳下までは半分に折り、衿先に向けて少し衿幅を太くととのえるのが一般的です。

おはしょりを一重にするなら

下前の衿を合わせたときに、おはしょりを内側に三角に折り上げると、おはしょりが一重に。左手を身八つ口から入れて胸の下で衿をもち、右手でおはしょりの底を持ち、左手の指先を生地ごと内側に折り返し[1]、腰ひもから上の部分をなで上げて折り目の内側に入れます[2]。

内側は……

1

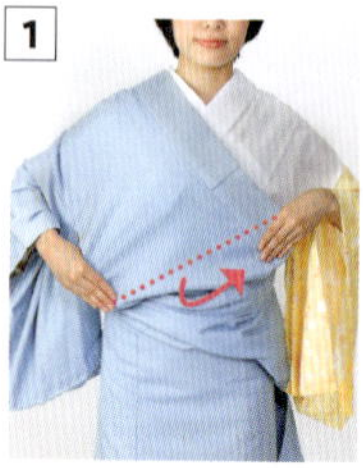

2

※説明のために上前を脱いでいます

コーリンベルトでとめる 15

コーリンベルトを肩幅くらいの長さに調整。下前の衿にベルトのクリップをつけ、後ろを通して、上前の衿につけて、衿を固定します。

※コーリンベルトのかわりに胸ひもを使ってもよいでしょう。襦袢の胸ひもと同様にしめます。(→P.36参照)

コーリンベルトのとめ方

1

内側は……

下前の衿の胸の下辺りで、ベルトの輪になっていない方のクリップをとめる。

2

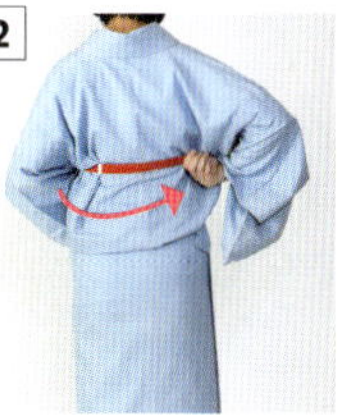

ベルトのもう一方を、背から右へ回す。

3

あばら骨にあたらないよう、上前の衿にとめる。

ていねいに！ シワをのばす 16

背中のシワをのばし、背ぬいがまっすぐになるよう、ととのえます。

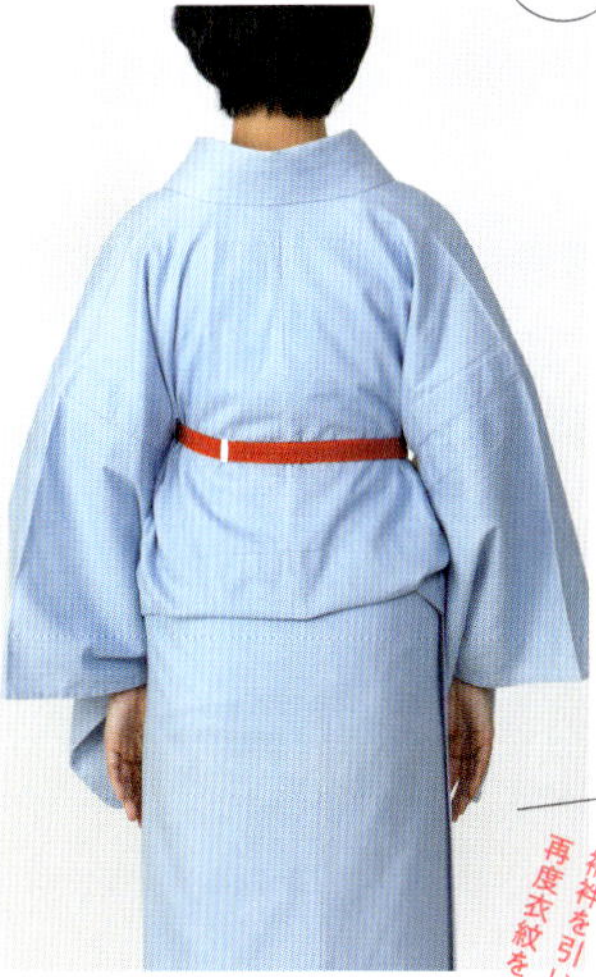

襦袢を引いて、再度衣紋をチェック！

美しい着姿のカギは背中

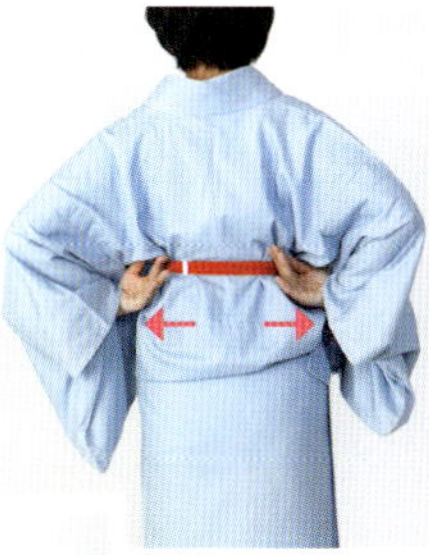

縦のシワは脇に寄せて解消します。ベルトのゴムの伸縮で、シワが戻らないように注意しましょう。

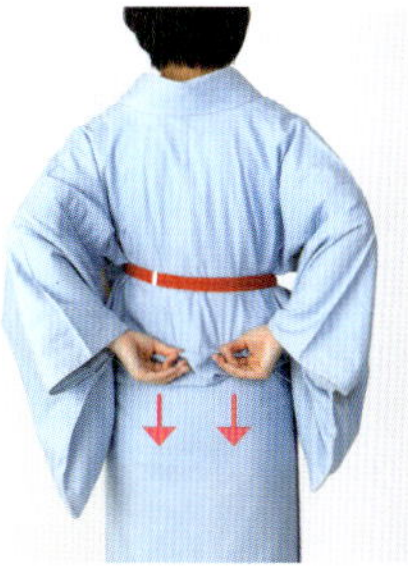

生地がたるんだ横のシワは後ろのおはしょりを下に引いて解消しましょう。おはしょりの袋になっている外側だけをつまんで下げます。

17 伊達締《たてじ》めを巻く

伊達締めで衿まわりやおはしょりを安定させます。前にあて、後ろで交差してしめ、前に回します。

伊達締め

18 伊達締めを結ぶ

結び目がゴロゴロしないで、みぞおちが楽な結び方をしましょう。結び終わったら、着つけ全体のチェックを忘れずに。

おはしょりの長さは
親指のつけ根から
人さし指の先くらいが目安

伊達締めの巻き方

1 伊達締めの中央を胸の上にあてる。

2 身ごろをならすように下へすべらせ、胸の下の位置に。

3 脇から後ろへ回し、後ろで交差。外側は真横に、内側は斜め下に向ける。

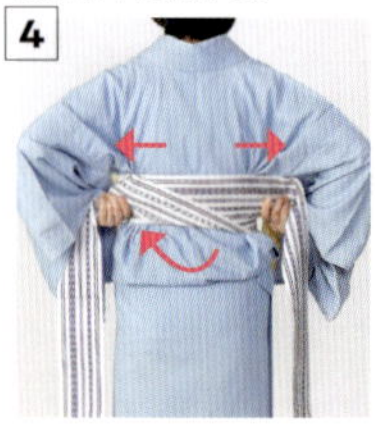

4 内側を斜めに折り上げ、キュッと一旦しめてから、前に持っていく。

苦しくなりにくい結び方

1 伊達締めを引いたまま、前の体の近くで交差。

2 2回からめてしめる。

3 左右を入れ替えて、結び目をひねる。

4 余った部分は、巻いた伊達締めにはさむ。長い場合は長さを折ってもOK。

着物の着つけ できあがりチェック！

Side
横姿

衣紋がこぶし1つ分くらい抜けているか

衿が浮いていないか

伊達締めが水平か

着丈はちょうどよいか、襦袢や下前が出ていないか

Front
前姿

衿は左右対称で、ゆるみやゆがみはないか

前身ごろに余計なシワはないか

おはしょりはすっきりしているか

おくみ線がそろっているか

袖は左右対称か、襦袢が飛び出ていないか

おはしょりの下線はなるべく水平がよい

すそは足の甲につくかつかないくらいか

上前のつまは腰の幅くらいか

Back
後ろ姿

背ぬいは背中心をまっすぐ通っているか

後ろ身ごろはすっきりシワがないか

すそ線が水平で、床から少し浮くくらいか

Lesson 02

半幅帯の基本をマスター

貝《かい》の口《くち》を結ぶ

ここでは着物の着つけを何度も行い、しっかりマスターするために、かんたんで動きやすい結び方を紹介します。半幅帯の基本として、流れを把握しましょう。

半幅帯結びの共通ポイント

1 前で結んで回す

半幅帯の場合、ほとんどが体の前で結んで形をととのえてから、後ろへ回します。

2 テとタレ

巻きはじめに残す部分を「テ」、形をつくる部分を「タレ」と呼び、帯結びによってとる長さがかわります。帯の両端どちらを使うかは好みでOK。

3 巻く回数

一般的には体に２周巻きますが、長い帯の場合は３周巻いて長さを調整しましょう。

4 表と裏

リバーシブルタイプの帯なら、両面の色柄を使い分けて、華やかな帯結びも可能です。

5 小物の活用

上手に結べなくても、帯揚げや帯締めを使って固定することもできます。

PROCESS

貝の口を結ぶ

テの長さをとる 01

帯の先端から、腕の長さ分くらいテをとり、幅を半分に折ります（輪を上にする）。

←

帯板のつけ方

case by case

ベルトつきの場合

伊達締め（だてじめ）の上に、帯を巻く前に必ずつけます。上下がある場合、平らな方が下。ベルトのとめ金をとめ、帯板を前中心に合わせます。

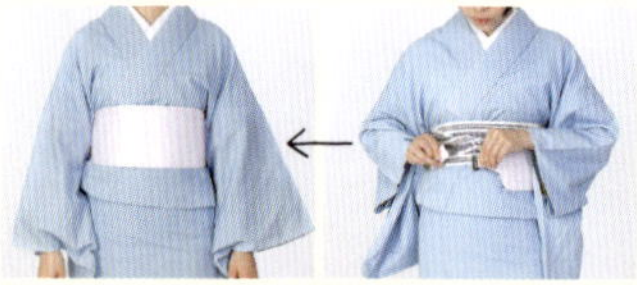

ベルトなしの場合

帯の2周目に背中側で入れるか、帯結びを回した後に1枚目と2枚目の間に入れるか、どちらかの方法で入れます。

02

貝の口を結ぶ

体に2周巻く 02

01で測った部分を前中央に合わせ、帯幅を広げて体に2周巻いてしめます。

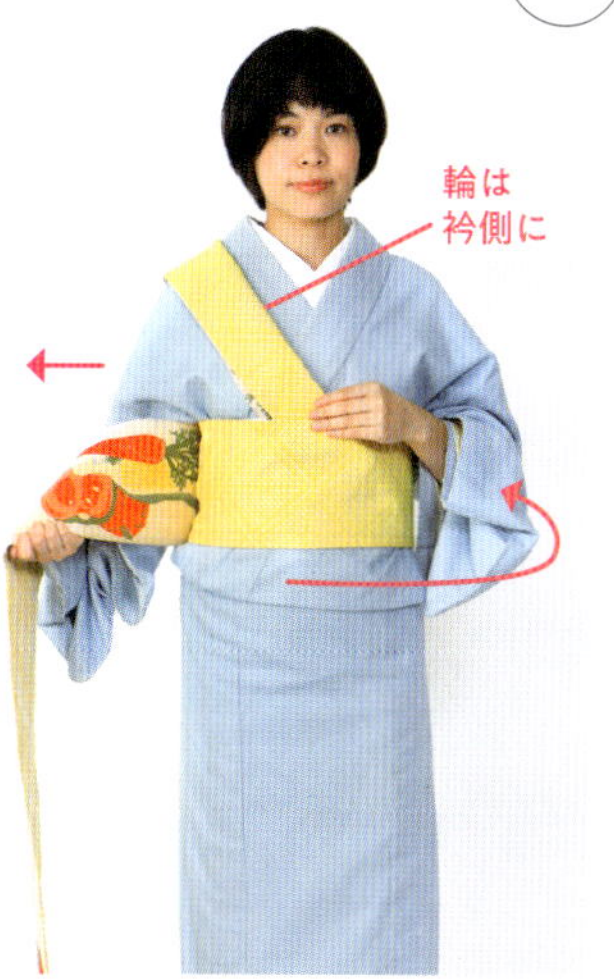
輪は
衿側に

タレの長さをとる 03

余ったタレ先を内側に折り込み、タレの長さを決めます。テと同じ長さか、少し長いくらいが目安です。

タレ

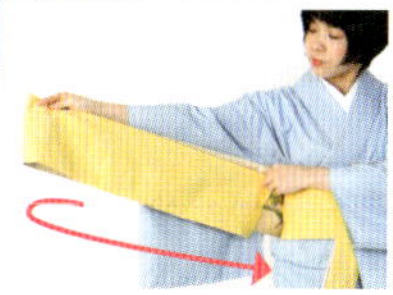

さらにタレが長い場合は、体に巻いた帯の内側に入れ込むか、体に3周目を巻いて調整をしましょう。

帯の巻き方

1
クリップで
とめてもOK

テの元を前中央に合わせ、タレ側の帯を広げる。

2

帯にシワが寄らないように、背へまわす。

3

1周巻いたら帯の下を持ってキュッとしめる。

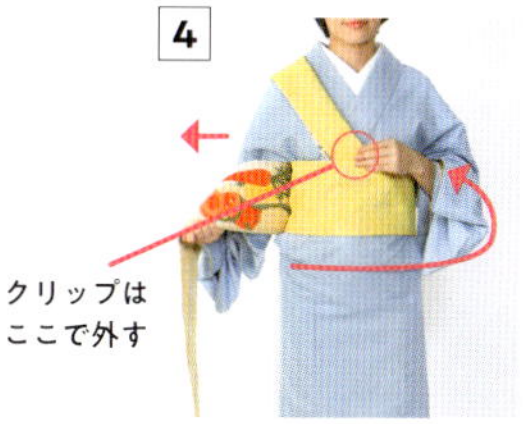
4
クリップは
ここで外す

同様に2周目を巻いたら、再度キュッとしめる。

知れば納得!

テとタレの長さは帯や体型によって調整を

本書では、テとタレの長さは一般的に想定される目安で紹介しています。ひと口に半幅帯といっても、厚みや幅、素材の固さは異なり、同じ帯結びでも必要になる長さが違ってきます。また、体型や好みによってもかわります。調整しながら帯結びを楽しみましょう。

貝の口を結ぶ

帯を結んで固定 04

テの上にタレを重ね、タレでテをくるむようにして結び、縦に引きます。縦に引くのは結びを固定し、形をきれいにするためです。

タレ
テ

しっかり結んで！

←

ていねいに！

貝の口の形をつくる 05

タレ先を右上に向けて内側に折り込み、そこにテ先を通して形をととのえます。

たれを折り返す高さは、体に巻いた帯の下線あたりに

←

貝の口での結ぶコツ

テを斜め下に向けて、その線に沿ってタレでくるみ[1]、そのままタレを引き抜き[2]、斜めの線にシワが寄らないようにキュッとしめ、縦にひねる[3]。

1

タレ
テ

2

3

きれいな形のつくりかた

1

山

タレの結び目を広げ、きれいな山にする。

2

タレの内側に左手を斜め下に向けて入れ、折り返す基点にする。

3

タレ先

タレを右上、内側に折り返し、先を山より少し出す。

4

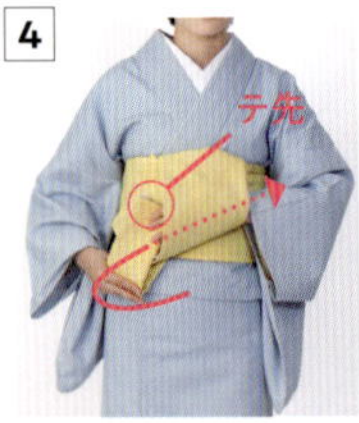
テ先

テ先を左手に渡し、そのまま引き抜いて、シワが寄らない程度にキュッとしめる。

帯を回す 06

帯結びが真後ろになるように、帯を後ろへ回します。衿が開かないよう、必ず右に回します。

右方向へ回すこと!

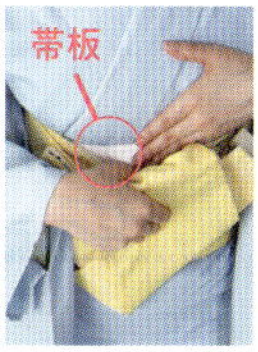

ベルトつきなら、帯板を押さえて回すとよいでしょう。

後ろの確認方法

合わせ鏡で確認する方法もありますが、手で触って確認するのがかんたんでしょう。左右幅が均等な位置にあるか、または結び目が背ぬいと合っているかなどで、確認を。

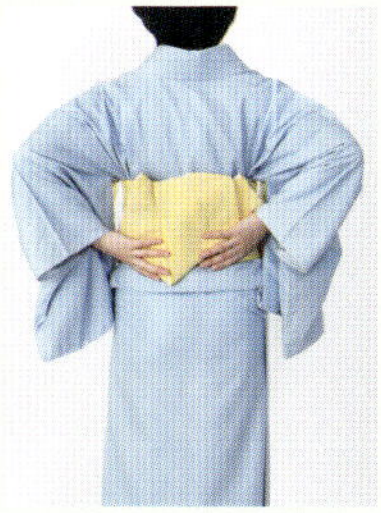

半幅帯「貝の口」できあがりチェック!

Front
前姿

帯にシワがなく、帯板が飛び出ていないか。袖が帯にはさまっていないか、おはしょりが短くなっていないかなど、着物の確認もおこたりなくチェックを

貝の口結びは、男性の角帯の一般的な結び方です。女性なら半幅帯で結ぶと粋な雰囲気に。ボリュームがなく、背もたれによりかかりやすいので、長時間の移動や日常生活での帯結びにおすすめです。

アレンジは…P.70

Back
後ろ姿

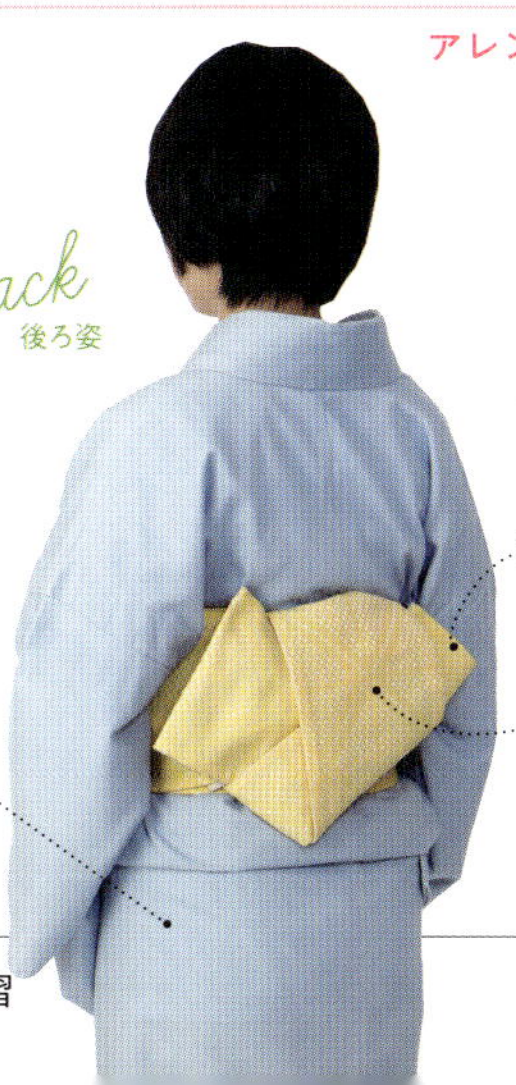

テ先はピンとはっているか

お太鼓部分は中央にあるか

着物は着くずれていないか

ゆかたも好きなんだよね
じーーッ
なんか着物着るのって練習あるのみって感じ…？
ドンドン
シャン
ピー
ヒャララー
ワイワイ
ワイワイ
お祭りはいいな
リンゴ飴好き
ガヤガヤ
おっ
ゆかたの親子だ
そーいえば…私もお母さんがくれたゆかた持ってるんだよね
ゆかたなら着物よりカンタンか…

矢の字はP.64〜、へこ帯はP.59〜、「着物風」はP.31着物の着つけに必要なもの・ゆかたを見てね

ゆかたから
着物入門もいいですね♪

Lesson 03

カンタンへこ帯まで

ゆかたで練習

ゆかたは1枚だけで着られるので、着物より手順が少ないうえ、着心地もらくちん。着物でつまづいたら、まずはゆかたで練習するのもおすすめです。

PROCESS

準備

インナー

ゆかたのインナーは、和装用でなくてもOK。上半身は衿ぐりがあいていていれば、キャミソールやカットソーでよいでしょう。下半身は7分丈以内のスパッツやペチコート、すべりのよい素材のステテコがおすすめ。ゆかたが透ける素材の場合は、すそよけを巻くほうがよいでしょう。

衿芯

本来はゆかたに衿芯を入れません。ただし、衿の形をきれいに保ちたいなら、かけ衿の内側に通すのもおすすめです。かけ衿の先端を少しめくると、糸でぬわれているので、それを切ればさし込み芯を入れることができます。襦袢《じゅばん》と同様に衿の内側に入れましょう（P.34）。

すそよけ

さし込み芯
(衿芯)

すそよけのつけ方

1

くるぶしが見えるくらいの丈にして、後ろから腰にあてる。

2

前で右身ごろ（下前）→左身ごろ（上前）の順に合わせる。

3

付属のひもを後ろで交差させ、キュッとしめる。

4

ひもを前に回し、片ちょう結びにして、端をひもにはさむ。

ゆかたを着る

袖を通す 01

ゆかたの衿を持ち、背中から肩にかけてから、片袖ずつ通します。袖山を持ち、左右に均等に引いて、中心を合わせましょう。

身八つ口から手を出さないように!

衣紋《えもん》を抜く 02

左右の衿先を合わせて両衿を片手で持ち、もう一方の手で背ぬいを下げて、衣紋を抜きます。

きれいなはおり方

1

かけ衿あたりを持って後ろで広げる。

2

片方ずつ、背中にすべらせるように衿を肩にかける。

3

両肩にかけたら、左右の高さを合わせる。

4

袖を通す手の反対の手で衿を持ち、袖に手を通す。

ゆかたの衣紋

Point 1

少し詰めても OK

子どもの着物は衣紋を抜かないように、衣紋を詰めるとカジュアル感が強まります。好みで詰め気味にするのもよいでしょう。

Point 2

衿芯を入れる

体の湿気をすうと、張りのある綿素材でもくたっとしてしまうことも。P.54 のようにさし込み芯を入れる方法も。

Point 3

のりをつける

えりに強めの洗濯のりをつけるのもひとつの方法です。

ゆかたを着る

着丈を決める 03

ゆかたのすそを一旦上げ、少しずつ下げて着丈（すそ線）を決めます。

すそ線

Zoom up

くるぶしがちょうど隠れるくらいの丈が基本です。足袋をはく場合はもう少し長くてもよいでしょう。

ていねいに！

身ごろを合わせる 04

上前（左側）の位置を一旦決めてから、下前（右側）・上前の順で身ごろを合わせます。

着丈がずれないように！

丈の合わせ方

1

衿の先のほうを持ち、左右に広げる。

2

すそ線が水平になるよう、すそを多めに一旦上げる。

3

腰に沿わせながらゆっくりすそ線を下げて、丈を調整。

4

片手で両衿を持ち、もう一方の手で腰回りの余分な生地を上に寄せる。

合わせるポイント

1

上前
つま
脇線

上前の脇線を左足の側面に合わせ、つまが腰幅の位置になるように調整する。着丈をずらさないようにしながら、身ごろを左右に引いて調整。

2

下前

上前を開いて、下前を合わせる。脇より後ろにいく分は手前に折り返す。

3

上前を合わせ、右手を抜く。

05 腰ひもを結ぶ

腰ひもの中央を、おへその少し下の高さにあて、後ろで交差させ、前で結びます。

腰ひも

06 おはしょり・衿をととのえる

おはしょりの底をなでて生地をととのえ、前身ごろの左右をしっかり引き合わせてから、衿の位置を決めます。

衿の交差は
のどのくぼみの
下あたり

腰ひものしめ方

1

腰ひもの中央を前にあてる。

2

後ろで交差させ、キュッとしめる。

3

前に回し、中央を避けた位置で2回からめてひと結び。

4

片ちょう結びにしたら、端を胴に巻いたひもにはさむ。

上身ごろのととのえ方

1

身八つ口（みやつくち）から手を入れ、おはしょりを整理（→P.43 ⑫）。

2

衣紋

後ろも同様にととのえながら、衣紋（えもん）の抜き具合を確認。

3

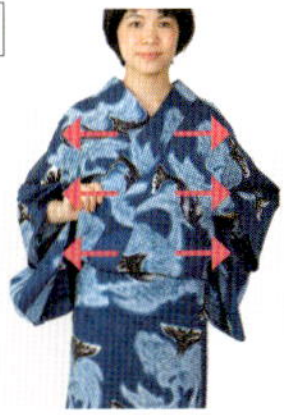

左右の衿を上・中・下と引き合わせる（→P.44 ⑬）。

4

下前のおはしょりを上げて、一重にする（→P.44 ⑭）。

ゆかたを着る

コーリンベルトでとめる 07

コーリンベルトをおよそ肩幅くらいの長さに調整。下前の衿にクリップをつけ、後ろへ回して、上前の衿につけます（→P.45⑮）。

※コーリンベルトのかわりに胸ひもを使ってもよいでしょう。襦袢の胸ひもと同様にしめます（→P.36参照）。

伊達締《たてじ》めをしめる 08

伊達締めで衿まわりやおはしょりを安定させます。前にあて、後ろで交差してしめ、前に回して結びます。

ゆかたの着つけはここまで！

コーリンベルトのとめ方

1 ベルトの輪になっていない方のクリップを下前の身八つ口（みやつくち）から入れ、下前の衿の胸の下辺りにとめ、背中に回す。

2 もう一方を、上前の衿のウエスト辺りにとめる。

3 後ろ身ごろのシワを脇によせ、たるみは下に引く。

伊達締めのコツ

1 伊達締めの中央を胸の上にあて、下へすべらせる。

2 外側は真横に、内側は斜め下に交差させ、内側を折り上げる。

3 前中央で2回からめてしめてから、左右を入れ替えて、結び目をひねる。余った部分は、巻いた伊達締めにはさむ。

ココから
へこ帯リボン

へこ帯を巻く 09

へこ帯の幅をクシュっとまとめ、中央を前にあて、後ろで交差して前で結びます。

へこ帯
帯板は好みで入れてもOK

胴に巻く帯の幅は15cm前後が基本です。巻きながら調整しましょう。

ちょう結びをする 10

体の幅より少し広い大きさのちょう結びにします。縦結びにならないよう、下図の手順にならいましょう。

羽根

へこ帯の巻き方

1

後ろに回して交差させ、キュッとしめる。

2

前に回し、左が上になるように交差(衿合わせと同じ)。

3

帯幅の上の方で、1回結ぶ。

4

縦にひねり、しっかりとめる。

ちょう結びの仕方

1

結び目の下から出ている方(左)で、右へ向かって折り返し、輪をつくる。

2

上から出ている方(右)を、[1]にかぶせる。

3

[2]でかぶせた右手をそのまま、結び目と[1]のにぎっている部分の間に入れて輪を引き抜き、ちょう結びにする。

11 タレをかける

タレ先を結び目の下から上に通し、結び目にふんわりかけます。

12 帯を回す

帯の結び目を、背中に回せばできあがり。伊達締めを押さえながら回すとよいでしょう。

タレの通し方

1

タレを2枚とも持ち、結び目の内側に下から通す。

2

タレ先は好みの分量を出す。羽根とのバランスで調整を。

3

タレを結びに上からかける。2枚を左右にずらしたり、ギャザーを広げたりなど、帯の生地や長さなどのバランスを見ながら形をつくる。

仕上げのポイント

帯結びが真後ろに来たかどうかは、さわって確認しましょう。合わせ鏡ができれば、その方法でもチェック。

帯幅が固定されない巻き方をしているので、同じ帯幅になっているか、最後に調整することを忘れずに。帯幅の基本15cmを目安にしましょう。

ゆかたとへこ帯できあがりチェック！

Front
前姿

衿は左右対称で、ゆるみやゆがみはないか

袖は左右対称か

前身ごろに余計なシワはないか

おはしょりはすっきりしているか

帯幅は均等になっているか

おはしょりの下線はなるべく水平がよい

上前のつまは腰の幅くらいか

おくみ線がそろっているか

すそは足の甲より浮いているか

Back
後ろ姿

衣紋（えもん）がこぶし1つ分くらい抜けているか

背ぬいは背中心をまっすぐ通っているか

帯結びは背中の中央にあり、バランスはよいか

後ろ身ごろはすっきりシワがないか

すそ線が水平で、くるぶしがちょうど隠れるくらいか

ちょう結びの下に帯締め（おびじめ）を通して、コーディネートのアクセントにするのもおすすめです。

Lesson

04

半幅帯のいろいろ結び

半幅帯は、名古屋帯より道具も少なく結べるので初心者におすすめ。基本の「貝の口」（P.48～51）の巻き方・結び方を参考にしながら、次の4種類にチャレンジしてみましょう。

Style

Front
前姿

Point !

- テは腕の長さより少し短かくとります
- 羽根の形や大きさは、好みで調整もOK
- 羽根を蛇腹だたみで紹介していますが、巻くようにたたんでもよいでしょう
- 結び目が下がらないように気をつけましょう

アレンジは…P.71 ～ 72

文庫結びは、半幅帯の基本中の基本です。リボンの形がかわいらしく、若い人向けに思われがちですが、形が決まれば年を重ねてもキリッと見える帯結びになります。アレンジがしやすいのも特徴です。

PROCESS

文庫結び《ぶんこむす》

テをとって巻く 01

テを、帯の端から腕の長さ弱分とり、そこから胴に2周巻きます（→P.48～49 01 02）。

↓

帯を斜めに折る 02

帯を結びやすくするために、前で斜め内側に折ります。

↓

結ぶ 03

テで、02の折った部分を上からくるむようにして結びます。その後、一旦縦に引きましょう。

羽根の長さを決める 04

タレ先から体の幅分くらいをとり、羽根の長さを決めます。

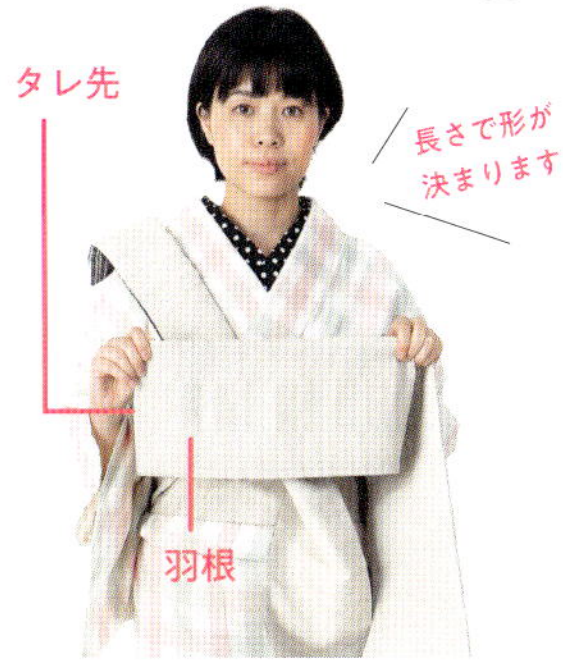
タレ先
長さで形が
決まります
羽根

羽根をたたむ 05

04で決めた羽根の長さで、山折り谷折りをくり返して、結び目まで蛇腹にたたんでいきます。

ひだをとる 06

羽根の幅のまん中を山折りし、両脇を跳ね上げる「ひとつ山ひだ」にし、左手でしっかりにぎります。

テでひだを巻く 07

テをひだにかぶせ、03の結び目ごといっしょに巻き、上に出してしめます。

しっかり
しめましょう！

テ先を入れる 08

テ先を胴に巻いた帯と帯板の間に通し、下からしっかり引いてから、テ先をたたんで帯の内側に入れます。

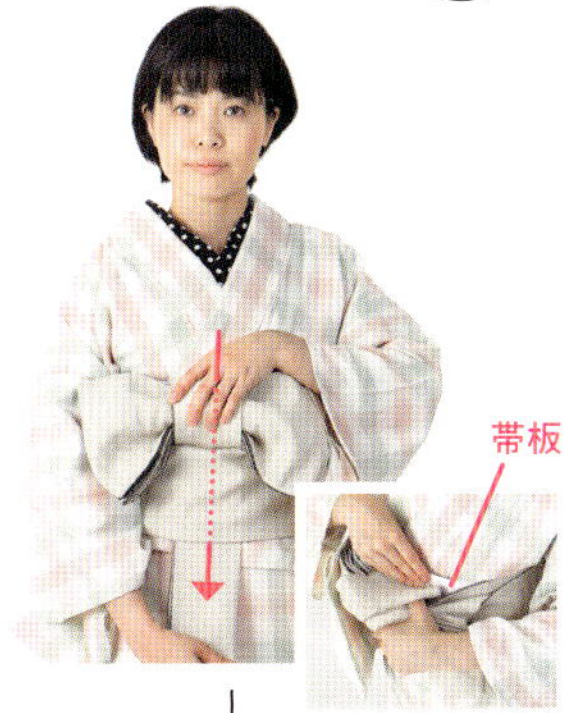
帯板

形をととのえて回す 09

胴に巻いた帯の縁に結び目をのせて安定させてから、形をととのえます。結び目ごと右方向へ後ろに回したらできあがり（→P.51 06）。

矢《や》の字《じ》結《むす》び

テをとって巻く 01

テを、帯の端から腕の長さ分とり、そこから胴に2周巻きます（→P.48～49 01 02）。

↓

帯を結ぶ 02

テを斜め右下に下げ（右下写真）、タレでそれをくるむようにして帯を結びます。

↓

山をととのえる 03

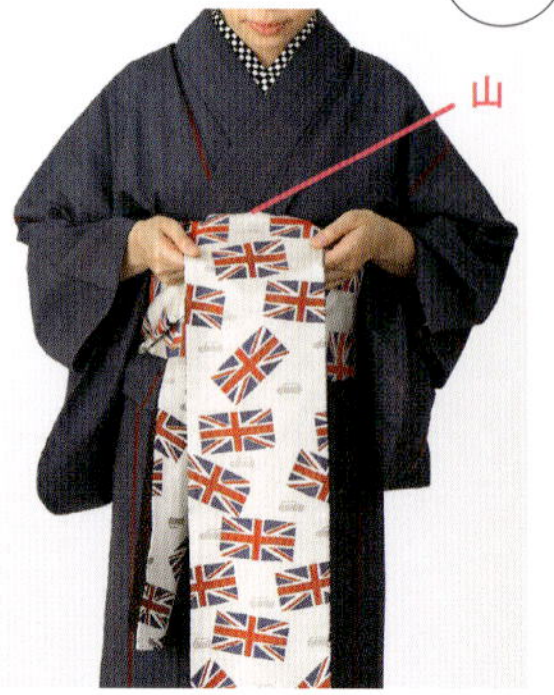

帯を一旦縦に引いてから前に下ろし、結び目を広げて山をととのえます。

Style

Front
前姿

Point!

- 短めの帯でも結べます
- 帯揚げと帯締めを使います
- テは腕の長さ分くらいとります
- 「貝の口」の結び方に似ています

アレンジは…P. 71

伝統的な結び方のひとつです。貝の口に少し似ていますが、タレができ、結び目が大きくなるので、ヒップが気になる人にもおすすめです。帯揚げと帯締めをするので、形がくずれにくいのも特徴。

タレ先を決める 04

タレ先を引きあげ、おはしょりの底とそろうくらいの位置にします。

↓

帯揚げで固定 05

幅を2回三つ折りにした帯揚げを、タレを上から押さえるように、胴に巻いた帯の上線に沿ってあて、後ろで仮結びをします。

↓

お太鼓部分をつくる 06

帯揚げより上の部分を前に下ろし、写真のように右斜め上へ、内側に折ります。長い部分は内側に折りたたみましょう（右下写真）。

テ先を通す 07

テ先をお太鼓部分に通します。

↓

帯締め通す 08

お太鼓部分の内側に、帯締めを通します。

※写真では帯締めのかわりにベルトを使っています。帯締めの場合は、後ろで仮結びをしましょう。

↓

回して仕上げ 09

結び目ごと右方向へ後ろに回したら（→P.51⑥）、帯揚げ（→P.108）と帯締め（→P.107）を結び直し、できあがり。

リボン返し

Style

Front
前姿

テの長さをとる 01

長さを半分にした帯の輪から、胴に1周巻いた長さをはかり★、その1枚の★から先をテとします。

↓

胴に2周巻く 02

★を体の中央にあて、長い方を胴に2周巻きます（→P.49 02）。

↓

帯を結ぶ 03

帯を斜め内側に折り（写真右下）、テでくるんで結びます（→P.62 02 03）。

Point!

- 長さのある帯を選びましょう
- リバーシブルの帯だと変化が楽しめます
- 帯揚げを使います
- テのとり方が、ほかとは違います
- へこ帯の結び方とほぼ同じです

ちょう結びにして、先端を出して結び目にかぶせるだけの、単純な結び方ですが、リバーシブルの半幅帯で結ぶと、華やかな帯結びになります。ちょう結びの内側に帯締めを通して結べば、名古屋帯のような雰囲気も感じさせます。

04 羽根をとる

結び目の下から出ている方（左）で、右へ向かって折り返し、結び目の位置でにぎり、羽根をつくります。

05 ちょう結びにする

上から出ている方（右）を、羽根にかぶせ、ちょう結びにします。

06 タレ先を引き出す

タレ先2枚を、結び目の下から内側に通し、引き抜きます。引き出す長さはバランスを見て調整を。

07 タレをかぶせる

タレを結び目にかぶせて、形をととのえます。

08 帯揚げを通す

幅を2回三つ折りにした帯揚げを、タレの内側に通し、後ろで仮結びをします。

09 回して仕上げ

結び目ごと右方向へ後ろに回したら（→P.51⑥）、帯揚げを結び直し（→P.108）、できあがり。

半幅《はんはば》角《つの》出《だ》し

テをとって巻く 01

テを、帯の端から腕の長さ分強とり、そこから胴に2周巻きます。（↓P.48～49①②）

テ

帯を結ぶ 02

帯を斜め内側に折り（写真右下）、テでくるんで結びます（↓P.62②③）。

ちょう結びをする 03

結び目の下側で輪をつくり、テでくるんでちょう結びにします。羽根は体の幅くらいにしましょう。

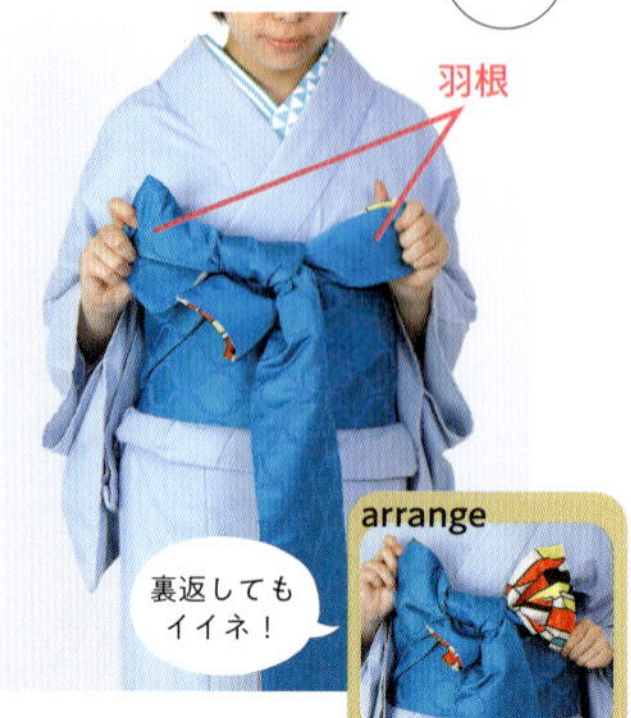
羽根
裏返してもイイネ！
arrange

Style

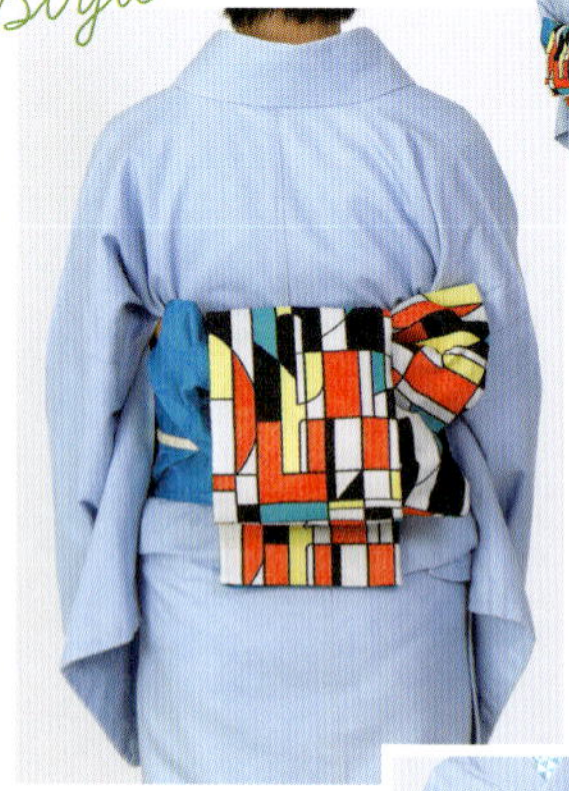

Front
前姿

Point!

- 長さのある帯を選びましょう
- リバーシブルの帯だと変化が楽しめます
- 生地がやわらかめだと、形が落ち着きやすいでしょう
- 帯揚げと帯締めを使います
- テは、腕の長さより少し長くとります

ちょう結びのバランスをかえて、長く残したタレをお太鼓にする結び方です。リバーシブルを生かして結ぶと、華やかになりますが、片面だけが出るようにつくると、名古屋帯で一重太鼓の雰囲気に近づきます。

04 タレ先を引き抜く

長い方のタレ先を、結び目の下から内側に通して前にたらします。出したい面を考えて、引き出しましょう。

↓

05 帯揚げを通す

山をととのえてから、幅を2回三つ折りにした帯揚げを、タレの内側に通し、後ろで仮結びをします。

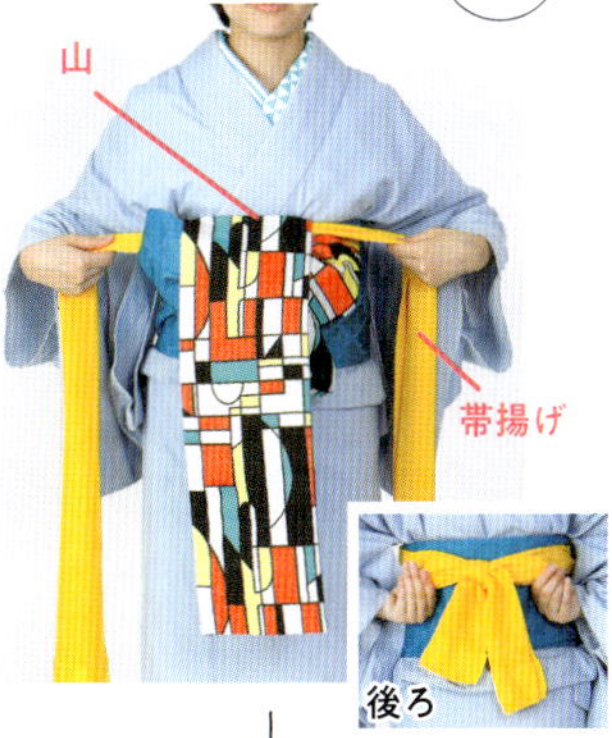

↓

06 帯締めでお太鼓をつくる

帯締めをたれの外側にあて（写真右下）、帯といっしょにちょう結びの内側に上げてお太鼓にします。帯締めは後ろで仮結びに。

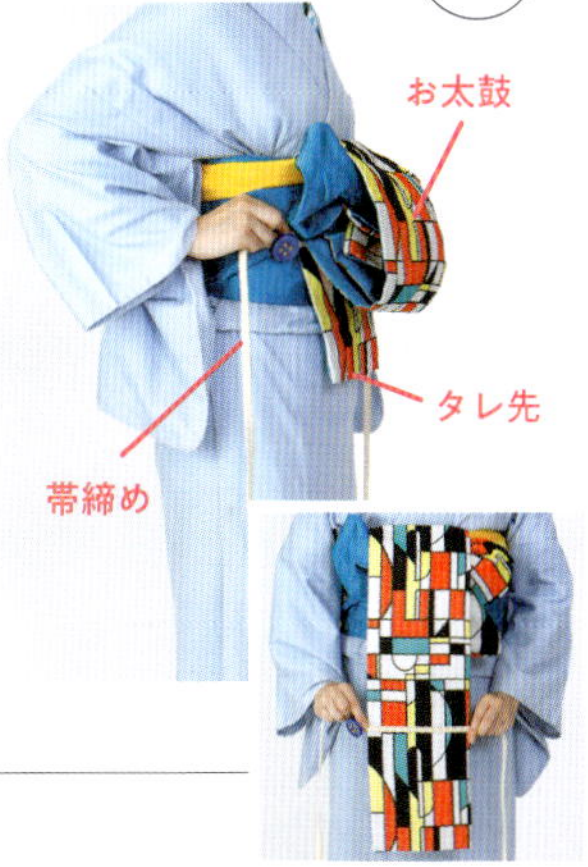

07 帯を回す

結び目ごと右方向へ後ろに回します（→P.51⑥）。

↓

08 前をととのえる

帯揚げを結び直し（→P.108）、帯締めはちょう結びにして、お太鼓の内側に送ります。

↓

09 仕上げ

帯留めを正面に回したら、できあがり。

※帯どめを使わない場合は、⑧で帯締めの基本結び（→P.107）をすれば完成です。

Column

半幅帯のアレンジいろいろ

半幅帯は、羽根の長さやリバーシブルの帯の表裏を変えたり、小物を使ったりすることで、さまざまなアレンジができます。この本で紹介している帯結びのアレンジをいくつか紹介します。

アレンジ1

P.48〜51

「貝の口」でプラス帯締め

とてもラフなイメージの貝の口ですが、帯締め1本を追加するだけでグンとよそ行き感が出てきます。帯結びがほどけにくくなるのもうれしいポイントです。

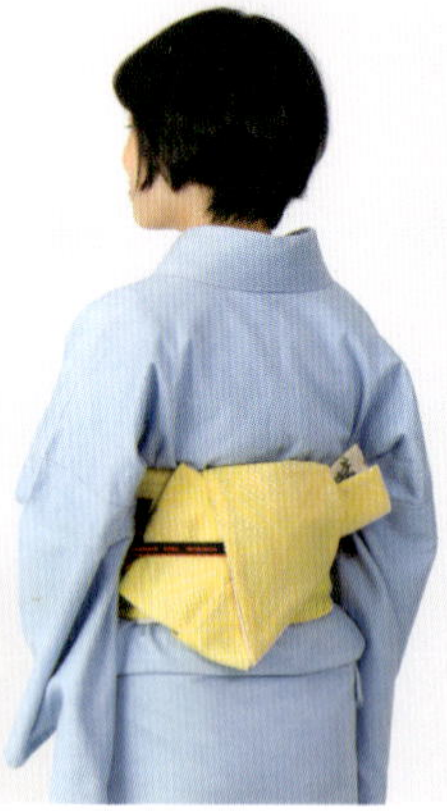

帯留めを使う場合は、帯締めを前でちょう結びにして、結び目をお太鼓部分に隠しましょ。

PROCESS

P.50⑤の後、お太鼓部分とテの間に帯締めを通す。テ先ははさまないように。

後ろで仮結びをしたら、P.51 ⑥へ。

帯を回したら、帯締めを前で結び直す（→ P.107）。

アレンジ2

P.62～63

「文庫結び」で羽根を長～く

羽根が下にたれることで、より立体的で、女性的なしっとりした雰囲気になります。形が作りやすい、張りのある帯を使うのがおすすめです。

PROCESS

1

P.63④の羽根の長さを、肩幅強にする。

2

1に合わせて折りたたむ。たたむ回数は減ってOK。

3

P.63⑥と同様に中央でひだをとる。

4

P.63⑦⑧と同様にテでひだをとめる。羽根をととのえる。

アレンジ3

P.64～65

「矢の字結び」で裏面も出す

途中の手順を変えると、自然に裏がバランスよく出る結び方になります。好みで使い分けるとよいでしょう。

PROCESS

1

P.64②で、タレ先を引き抜かずに、結び目近くでしめる。

2

タレ先をおはしょりより少し出るくらいの位置まで引き抜く。

3

結び目より上を前にたおし、P.65⑤と同様に内側に帯揚げを通す。

4

P.65⑥以降をそのまま続けると、裏面も出る矢の字結びに。

アレンジ4

P.62～63

「文庫結び」で裏面出し&羽根ずらし

文庫結びからのアレンジですが、できあがりの形は、文庫結びを想像できない形に。これはもう、別の結び方といっていいでしょう。裏面の出し方、羽根のずらし方で、アレンジの幅はさらに広がります！

PROCESS

1

タレ先
羽根

P.63④で羽根の長さを決めるとき、タレ先から半分長さまでを外側に折りかえす。

2

P.63⑤のように、そのまま蛇腹に折りたたむ。

3

テ

P.63⑥⑦と同様にひだをとって、テで結び目ごと巻く。

4

引き抜いたテの幅を広げ、結び目にかぶせる。

5

羽根をずらし、立体的にととのえる。

6

帯揚げ

タレの内側に帯揚げを通し、後ろで仮結びをし、P.63⑨のように回してから、前で結び直す（→P.108）。

文庫結びはまだまだアレンジが可能です。自分でオリジナルを考えてみてはいかがですか？

one point !

Chapter 3

着て動いて分かる！

着つけのポイント

着物は着て動いてみることで、
ここのしめ方がきつい、
ゆるくてすぐに着くずれてしまう……
などという着つけの欠点が見えてきます。
また、着物のときの動きのコツも
だんだん分かってきます。

はじめてのおでかけ
よし、帯オッケー!
ごめーん買い物してきてー
行ってきまーす
着物着たけどまあいーか!
着物デビューはスーパーか…近場から攻めるのもありかな
あら…
スタスタ
スタスタ
バサ
スタスタ
バサ
バサ
帯がゆるんでるみたい直していい?
あっハイッ
あとね小股で歩くといいかな
すみません!ありがとうございます
テレテレ
テレテレ

ステキに見える和装時の所作はP.76から！

着物で暮らせば、所作と着つけのコツが見えてくる!

きれいに着物を着たように見えても、動きにくくて不格好になっては残念な姿に。着て動いてみることで、自分の着つけのNG部分がわかります。着物に合う所作も覚えておきたいですね。

立つ

所作のコツ

姿勢…和装の場合のきれいな立ち姿は、すっと頭のてっぺんから糸で引っぱられている感じです。胸を張ったり肩を後ろにそらせたりすると、上半身の着くずれの原因になってしまうので気をつけましょう。

足先の向き…和装は少し足先を内またにするのが美しいとされますが、ふだんの生活の中ではさほど気にすることはありません。自分らしく自然にでOK。ただし、外向きよりはまっすぐくらいがよさそうです。

NG

背中を丸めた姿勢はやめて！ 着物を着ていると、よけいお年寄りっぽく見えてしまいます。
コレはNG!

着つけチェック

まっすぐ立っているときに、下半身がスカートのように広がっているのは上手な着つけとはいえません。後ろから見たら、どちらかというと「すそすぼまり」になっているのが理想的です。

歩く

所作のコツ

足運び…着物だからと変に意識する必要はありませんが、つまが大きくめくれてしまうほどの大股歩きは避けましょう。少しめくれるのは当たり前なのでOK。

腕のふり…腕も大きくふると、袖がバサバサとひるがえり、どこかに引っかかってしまうことも。控えめにふるほうがよさそうです。

着つけチェック

普通の歩幅で歩ければよいでしょう。歩きにくい場合は、すそをすぼめすぎているか、襦袢や着物の下前を、脇より後ろに巻き込んでいないか確認を。また、腕をふったときに襦袢が袖口や袖の振りから飛び出ていないかチェック。飛び出るようなら襦袢のそでをつまんで、安全ピンでとめる応急処置を。

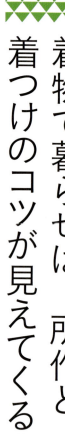

座る

所作のコツ

床に座るなら、正座が一番着くずれない座り方です。無造作に座ると前がはだけたり、ぬい目に強い力がかかって生地をいためたりすることも。座るときにはちょっとコツが必要なので、下の図を見て覚えてください。座った時は背をまるめるよりも、背筋を伸ばしたほうが腹部は楽になります。

着つけチェック

姿勢を正して座っていても、腹部が苦しい場合は、腰ひもや伊達締め、帯の締めすぎが考えられます。「着物だからしょうがない」とあきらめず、ちょうどよいしめ加減をさがしてみましょう。これができるのが自分で着る利点です。

椅子に座るとき

基本は、気持ち浅めに座り、背もたれにはよりかかりません。しかし長時間の移動や車でシートベルトを装着するときには、背もたれによりかからなければなりません。その際は、しっかりと深めに座れば、背中をまるめずにすみます。また、形がくずれにくい帯結びをすれば安心です。

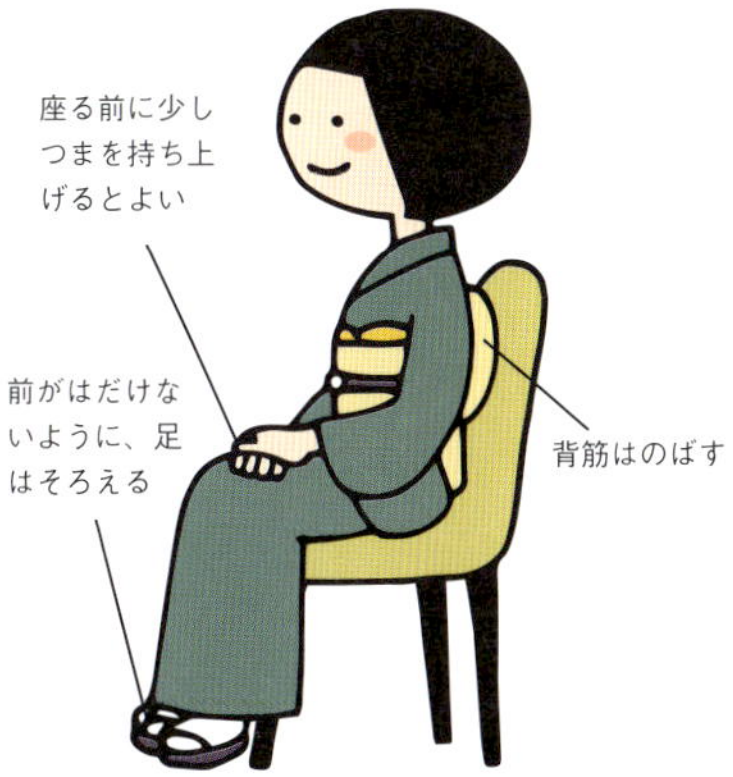
座る前に少しつまを持ち上げるとよい
前がはだけないように、足はそろえる
背筋はのばす

座り方

1 右足を少し引き、右手でつまを少し持ち上げます。

2 左手でももを軽く押さえ、右手で上前をなでおろしながら、ひざを曲げます。

3 両ひざを床（畳）につけてから、両足首をのばします。

4 つまを引いてシワをのばします。たもとは後ろへ軽く払います。

しゃがむ

あっ、扇子落としちゃった!

所作のコツ

しゃがむとき、ひざを開かないことと、背中を必要以上に丸めないことを意識しましょう。また、つま先に体重をかけすぎると、はきものに負担がかかるので気をつけます。

両手で、もものあたりを少しつまみ上げて、かがみはじめます。

上前が地面につかないよう、右手でなでながらかがみます。

かがみきったら、落としたものが斜め横の位置になるようにひざの向きをかえて、ひろいます。

着つけチェック

しゃがんだ後は、着物の着くずれの確認を忘れずに。おはしょりや帯結びのタレがめくれる、帯締めの端が外れる、袖が乱れる、すそが上がる、などが考えられます。

知れば納得!

着物はポケットがいっぱい!

前帯に

ドラ●もんみたい♪

小さな財布を入れたり切符を入れたり使い道いろいろ。鍵などに根付をつけてさしてもいいですね。帯板にポケットがついている場合もあります。

胸元に

茶席なら懐紙を!

上前の内側に薄いものが入れられます。あえて見せる形にしてもよいでしょう。

手を上げる

所作のコツ

物をとるとき、吊革につかまるとき、人にあいさつするときなど、手を上げるなら、反対の手で袖口をおさえると上品な雰囲気に。おさえないと、腕がニョキっと出てしまいちょっと残念な姿になってしまいます。

着つけチェック

袖口や振りから襦袢が飛び出してしまいやすい動作です。そのためにも反対の手で押さえるのはおすすめ。また手を上げた後、脇がゆるんでいたら、帯の内側に押し込みましょう。

ひじまで腕が! これは避けたいもの。肩も上がって上半身の着くずれの原因になってしまいますよ。

お太鼓の中に

A 4の書類もOK!

着物で仕事をしている人は、よく使っている収納場所です。ハンカチなどすべらないものや、チラシやパンフレットなど薄い書類をしまうのにベストです。

たもとに

ちょっと隠したいときに

大きなもの、重いものを入れると、外側から分かってしまうので気をつけましょう。口元をふいたティッシュなどをとりあえず入れるには便利です。

食事

所作のコツ

基本的には普通の食事のマナーができていればOKです。ただし、袖を引っかけると大惨事になることもあるので、テーブルの上に手を出すときにはつねに気を配りましょう。着物の汚れが心配ならナフキンなどでカバーを。

着つけチェック

着物に慣れていないときの食事は緊張するものです。おへそより上の部分（腰ひも・帯の下線以上）を、いつもより少しゆるめにしておくのがおすすめです。

手ぬぐいでカバー

和装のお供に人気の手ぬぐい。かわいい柄を持ち歩き、食事のときにサッと胸元にはさむのもおすすめ。

お店のナフキン

角を帯の上線にはさむのが上品なスタイル。カフェくらいなら、ひざ上だけにしいてもよいでしょう。汚れやすい料理の場合は胸元にはさんでも。

たもと留めクリップを活用

たもとでそそうをしないようにあらかじめ留めて食事をするのもよいでしょう。
たもとクリップを衿にかけて、前でハンカチをはさめば、エプロンにすることもできます。

奥の物をとるとき

調味料など、ちょっと手を伸ばしてテーブルの上のものをとるときは、必ずたもとをもう一方の手でおさえましょう。

草履《ぞうり》・下駄《げた》の脱ぎはき

片足ずつはきます。足の指先をすぼめるようにして、台にすべらせます。

前つぼを指ではさめるように、指先に力を入れてにじり入れます。

鼻緒（はなお）がかたく、入りにくい場合は、もう一方の台につま先を押しつけて入れる方法も。

はけました。かかとは台から少しはみ出してOKです。

所作のコツ

座り込んではいたり脱いだりするのは、なるべく避けます。足元だけで、小さな動作で行なうのが理想的。脱ぐときには、底のかかと側だけを下に押しつけて足を後ろにずらすと脱ぎやすくなります。

着つけチェック

はきものをはいたときに、着物のすそが鼻緒につかないくらいに着るのがベターです。とくに礼装でははきものを脱いだ時は足の甲につくくらいで OK。はきものに合わせて着丈を決められるようになると、いいですね。

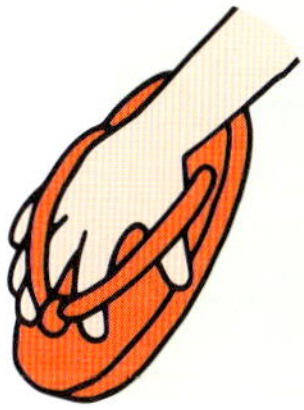

新品のはきものは……

足に合わせて新調したものでも、はじめは鼻緒や前つぼが硬いので、はいていると痛くなってしまうことがあります。前日までに手を入れてじっくり伸ばしておくのがおすすめです。

さくら先生のアドバイス

トイレ

着つけチェック

トイレに入ったときは、着つけ直しのチャンス！　気になるところを徹底検証しましょう。詳細は下のアドバイスで確認を。

所作のコツ

ていねいに１枚ずつめくり上げることが大切です。グシャッとまくり上げると、きちんと止められずにバラっと落ちてしまう可能性も。戻すときも同様にていねいに行いましょう。

1 着物を上前、下前の順でめくります。

2 襦袢、すそよけも、それぞれ上前、下前の順でめくり、着物といっしょに持ちます。

3 すそで帯結びを包むように、しっかりめくり上げ、前に引きます。

4 クリップでとめるか帯にはさんで用をたします。おわったら、3→2→1の逆順で戻します。最後におはしょりや帯のタレのめくれを確認しましょう。

さくら先生のアドバイス

トイレは和洋問わず、身だしなみをととのえる場所です。個室だからこそできるお手入れを覚えておきましょう。

衣紋《えもん》 襦袢の衣紋（えもん）から直したいときは、個室がマスト。着物の衿もいっしょに調整しましょう。

衿 鏡の前で行います。身八つ口（みやつくち）から手を入れて直すのも、女子トイレならご愛嬌で。

着丈 おはしょりをめくっての調整になります。個室内に着替え用の台があると理想的です。

帯 帯締めをきつくしめなおしたり、帯のゆがみを鏡でチェックしたりできます。

小走り

所作のコツ

走ると言っても全力疾走はムリ。本気になると、生地がやぶけてしまうかも……。実際には、つまを押さえながら、小股で走るスタイルに。はきものが脱げないように気をつけましょう。

着つけチェック

上前、下前のつまがめくれやすいので、移動した後は必ずチェックを。めくれていたらなでるようにして戻すとよいでしょう。

脱げにくい靴なら……

ブーツや地下足袋（じかたび）シューズなど、着物に合わせやすい靴もあります。これなら脱げにくくてダンスもできそう？

自転車

自転車だって乗れま~す

所作のコツ

サドルを低めにセットして、浅めにすわってペダルをこぎます。サドルが高いと、よろけた時に足を地面につけにくくなるので危険。また足元は、なるべく靴を合わせるのが安全です。

着つけチェック

おはしょりのめくれや、すそが上がっていないかをチェックしましょう。

車の運転には……

シートベルトをしめるので、帯結びは形のくずれにくいものを選びましょう。運転席に座るときは、少しすそを上げると安全です。また草履（ぞうり）や下駄（げた）で運転するのは交通法違反になります。かならず靴にはき替えましょう。

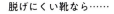

家事

所作のコツ

家の中でのことですから、特に気にする必要はありません。いろいろな動きをする中で、動きやすい、自分にとって楽な着つけが見つかるかもしれません。着物でさまざまな作業をしてみてください。袖がじゃまなら、腰ひもを使ってたすきがけ（ページ下）でとめると動きやすくなります。

着つけチェック

着くずれたらすぐに直せばOK。よごしたり何かにひっかけたりが不安なら、袖がたっぷりした着物用の割烹着を着ると安心です。

かわいいエプロンを合わせれば、家事が楽しくなりそう。

お勝手仕事もら〜くらく

たすきがけのしかた

1 腰ひもの端を右手で持ち、斜めにかまえます。

2 そのまま、後ろにもっていきます。

3 右手の端を肩に置き、左手を袖の下から前を通して、首の後ろに送ります。

4 3を右袖の下から持ってきます。

七輪、似合うでしょう？

低いところの雑巾がけも
OK

高いところのハタキかけ
だって！
パタパタ…

片袖だけをとめる方法も

お茶を運ぶなど、軽めの作業なら利き手側の袖が邪魔にならなければOK。そんなシーンなら、輪にした腰ひもを斜め掛けにするだけで、袖がとまります。時代劇ではお茶屋さんの女性が、このスタイルでお給仕をしているのを見かけます。

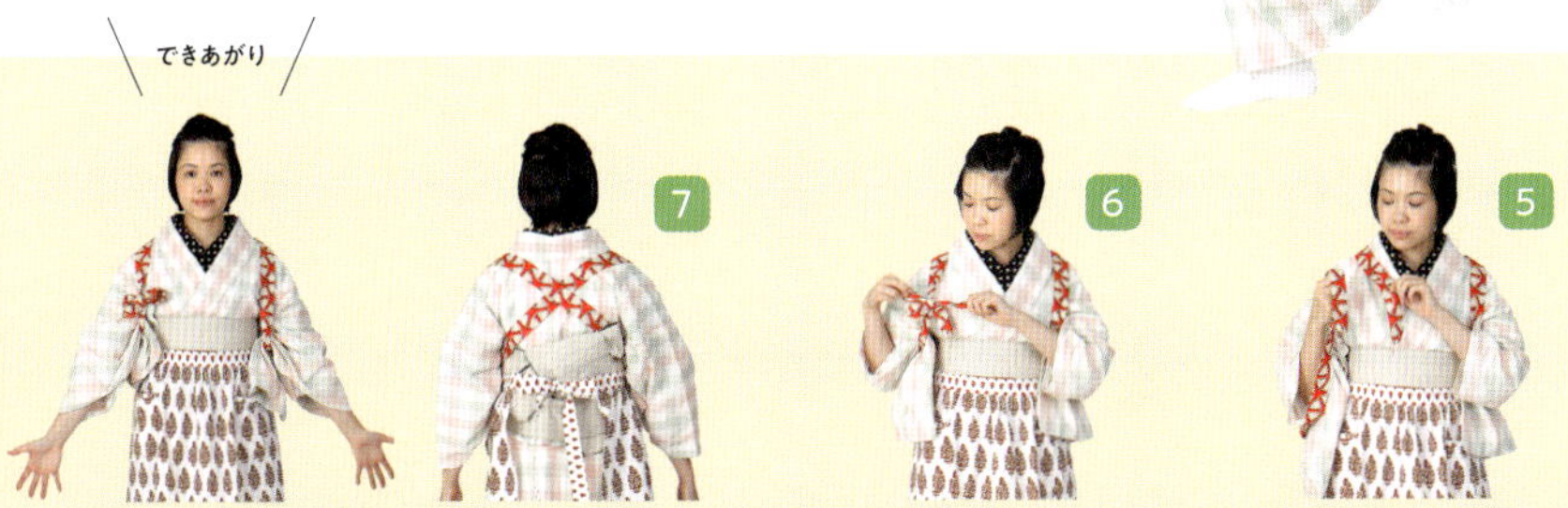
できあがり
7
6
5

5 3で肩にあずけた端も持ちます。

6 両端を結びます。袖が止まればよいので、きつく引く必要はありません。

7 / できあがり 動きやすい、家事スタイルのできあがり。輪にした腰ひもを8の字にして背負ってもOKです。

きれいに着たい！着つけのお悩み解決

慣れた人にもある着物の着つけのお悩み。その原因をひもときながら、解決法をご紹介します。着つけにつまづいたときのお助けコーナーです。

悩み

衿がゆがんだり、半衿が思う通りに出なかったり……

Trouble

原因A

着つけ中に肩を上げてしまうため

衿の形を決めた後にも、背中に腕を回したり、帯を結んだりと腕を使う動作があります。その際に、肩を上げすぎてしまうことで上半身の形がくずれてしまうことがあるのです。襦袢（じゅばん）と着物、それぞれどちらかでも衿がずれると、衿元全体がゆがんで見えてしまいます。

解消法

襦袢で衿を合わせて、胸ひもをしめるP.36 ⑥以降は、肩を上げないように注意が必要です。腕は上げても、肩から動かすのは避けましょう。

原因B

襦袢のサイズが小さいため

襦袢のサイズが合っていないと、身ごろがしっかり合わず、衿がはだけやすくなってしまいます。

解消法

襦袢のサイズを、衿を合わせるときに胸をおおえるくらいのものにするのが基本です。もしくは「仕立て衿」を使う手も。身ごろがない、衿だけの道具で、サイズに関係なく使えます。「うそつき衿」などの名称で市販されていることも。

仕立て衿

原因C

コーリンベルトの長さが合っていないため

コーリンベルトは伸縮性があるため、緩すぎたりきつすぎたりすることで、ジワジワずれてしまうことがあります。

解消法

アジャスターを、適度な長さに調整して使いましょう。いつも衿が詰まってくるなら長く、開いてくるなら短く調整を。

悩み

衣紋《えもん》が上手に抜けない……

Trouble

原因

着つけの間に詰めているのかも

襦袢の衣紋をP.35 ④でしっかり抜いたつもりでも、次の衿合わせや、着物を着るときなどに少しずつ詰まってくることがよくあります。

解消法

まず、P.35 ④で衣紋を抜く際、大きめに抜くのもひとつの方法です。
襦袢の背に「衣紋抜き」がついているものを選び、胸ひもを通してしめるのも、よいでしょう。
衿を合わせるときは前に引かず、横方向に動かすのも大切です。

P.36⑥で胸ひもを後ろで交差する際、衣紋抜きのループに左右から通す

悩み

着物で過ごしていると、苦しくなる……

Trouble

原因A

結び目などがみぞおちに当たるため

胸ひも、帯枕のひもなどの結び目や、コーリンベルトのクリップが、みぞおちで重なり、さらに帯を巻いたときにおさえられることで、痛く、苦しくなることがあります。

解消法

帯をしめるときに、帯幅全体をしめるのではなく、必ず下線だけを引いてしめ、上線は少しゆるいくらいにしておくとよいでしょう。ひも類の結び目はまん中を避けて、左右にずらします。

原因B

しめる力が強すぎるため

とくに初心者の場合、着物がはだけないように、着つけがずれないようにと、ひも類をきつくしめすぎる傾向があります。

解消法

自分に合ったしめ加減を探しましょう。ひも類を使って締めるときは、前ではなく、後ろで交差したときに締めるのが基本です。ひもを巻く位置にも注意を。胸ひもはアンダーバストで、腰ひもは腰骨の上に少しかかるように結ぶとよいでしょう。

悩み

丈が短くなってしまう

Trouble

原因

腰ひもをしめるときに短くなるのかも

P.42 ⑨で腰ひもをしめるときに、ずりおちないように気をつけすぎて、逆に上がってしまうこともあります。腰骨の上でひもをしめますが、ウエストのほうにひもがずれることで短くなることも。

解消法

いつも短くなってしまう、というなら、いっそ初めから長めに着丈を決めておくのもよいでしょう。P.40 ⑤で、床すれすれくらいの丈にすると、着終わった時にちょうどよい長さになります。かかとで、すそをちょっとだけ踏むのもひとつの手。

悩み

襦袢の袖が着物からはみ出てしまう

Trouble

原因A

着つけのときに、きちんと合わせられていないため

着物をはおり、P.39 ③で「やっこさん」をしたときに、きちんと袖の生地が合っていないと着終わった時に襦袢の袖が飛び出しやすくなることがあります。

解消法

「やっこさん」だけでなく、振りで襦袢と着物の生地をそろえて、パタパタゆらしてそろえると、よりきれいに合います。

原因B

襦袢と着物のサイズが合っていないため

裄のサイズが合っていたとしても、肩幅と袖幅がそれぞれ合っていないと、どうしても襦袢の袖は飛び出しやすくなります。

解消法

サイズを合わせることが基本ですが、応急処置として襦袢の袖をつまんで安全ピンなどでとめるのも一つの方法です。または、振りから飛び出る場合には、たもとに硬貨など重りを入れて、輪ゴムでとめて重しにするのもよいでしょう。

着くずれたときの直し方

着くずれしてもあわてないためには、着くずれしやすい箇所と、その直し方を知っておく必要があります。着物の構造を考えながら覚えるとよいでしょう。

ちょい直しは当たり前

着物を着ている人を見ると、よくしている動作がありませんか。衿元をよせる、胸元をなでる、上前をなでる、つまを引くなどの動作。これは着くずれを直したり、ひどくなる前に予防している動きともいえます。着物の先輩はそんな動作に慣れていて、またそれが自然に見えたりします。どんなにきれいに着ても、ちょっとずれるのは当たり前として、「ちょい直し」に慣れるようにしましょう。

Point!

外出時にあると便利なグッズ

- 安全ピン、腰ひも
- 着物用クリップ（または洗濯バサミ）
- 手ぬぐい、ハンカチなど

衿がゆるんだら

ちょい直し

襦袢（じゅばん）の衿、着物の衿それぞれを引き合わせて直します。鏡が見られない場合は、指先の感覚で、中心や半衿の出具合をチェックしましょう。

しっかり直し

襦袢の衿は、身八つ口（みやつくち）から手を入れ、下前と上前の衿をそれぞれ持ち、左右に引きます。着物の衿も同様に。引いて余った布は帯の内側に押し込むようにします。

帯がゆるんだら

ちょい直し

ハンカチや手ぬぐいなど、小さな布を帯の内側に入れて調整します。帯が下がってきそうなほどゆるんだら、すぐにトイレでしっかり直しを。

しっかり直し

帯締めをしている場合は、きつく結びなおすのがもっとも手っ取り早い方法。着物用クリップを持っていたら、見えないところでつまむのも一つの方法です。

衣《え》紋《もん》が詰まったら

しっかり直し

着物のすそをまくりあげ、襦袢の背中を下に引きます。中央1か所を持つのではなく、首の付け根の真下あたりを2か所持つようにしましょう。そのあと、着物の背中のおはしょりの外側を下に引き、襦袢の衿と合うように調整します。おはしょりがゆるんだら、余りは帯の内側へしまいます。

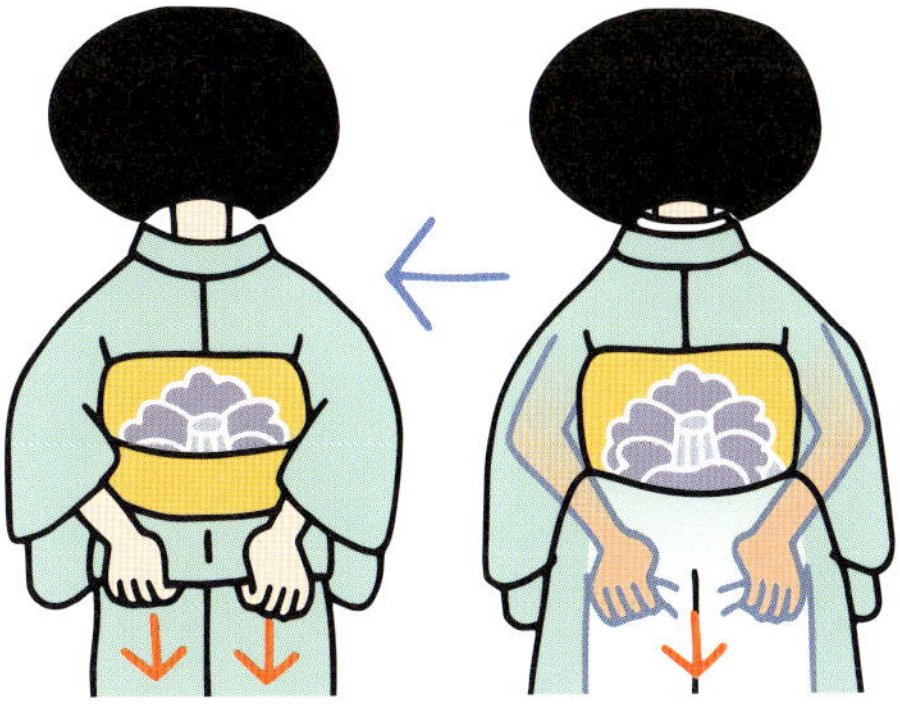

ちょい直し

まずは、胸元を押さえ、少しなで上げることで、衿が全体に後ろに流れて衣紋が抜けます。次に背中のおはしょりの外側をつまんで、ちょっと下げてみましょう。ただし、襦袢の衿が出ない程度の加減にします。

すそがずれ落ちてきたら

しっかり直し

おはしょりをめくり、腰ひもより上の生地を引いて、すそを引きあげます。下前がずれ落ちた場合には、上前をめくって腰ひもの上に入れ込むか（①）、上前の衿の内側に手を入れて、下前を引き上げます。最後に、腰ひもの結び目をほどき、しめ直す（②）と安心です。

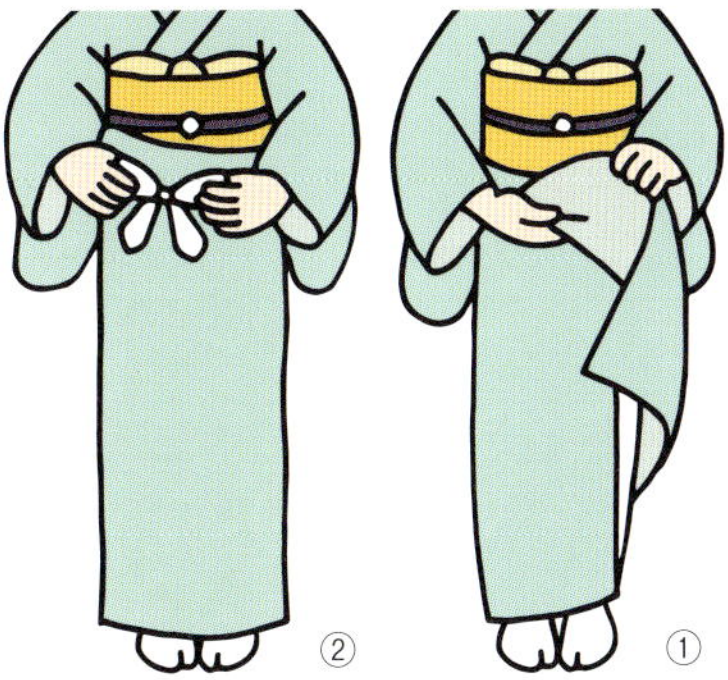

ちょい直し

上前の衿先あたりを、少し引きあげて腰ひもにはさみ込みます。それでも無理なら、上前のつまをおさえてトイレでしっかり直しを。

体形別

着つけ&きもの選びアドバイス

背が低い・高い、ふくよか・やせている、この4つの体形別に、よりステキに見せるための着つけのコツやコーディネートのポイントをご紹介します。

背が低い

目線を上に集める

衿元など、目線を上に集めるようにするのがおすすめです。半衿を華やかにする、ヘアスタイルにポイントをおく、帯を少し高めにするなど。また、衿が詰まっていたり、おはしょりの幅が広かったりすると子どもっぽさを感じさせるので、特に気をつけましょう。

コーデのポイントを
顔回りに

背が高い

上半身はすっきりと

目線を上に集めてしまうと、背の高さがより際立ちます。胸元はすっきりさせ、帯揚げよりも帯締めにポイントを。また、胴に巻く帯をすこしずらして帯幅を広くするとバランスよく見えます。着丈が十分になければ、おはしょりをつくらない、「対丈《ついたけ》」で着る方法も。

大胆なデザインの
着物も似合う

ふくよか

ゆったり着る

ついついきつくしめて着たくなりますが、体のラインが出て逆効果に。衿は少しゆったりめに合わせると、首長効果が得られます。帯と着物の組み合わせは、メリハリをつけるとよいでしょう。また、ヒップの隠れる帯結びを選ぶのもよいでしょう。

着物と帯はメリハリを

お助けグッズ

ふくよかな胸を押さえる効果がある「和装ブラ」

やせている

胸元に厚みをもたせる

胸もとが薄いと、衿が浮きやすく貧相にみえてしまいます。タオルなどを入れて軽めの補整をするとよいでしょう。ヒップにハリを出したい場合は、和装用のヒップパッドを使うのもよいでしょう。ウエストまわりの補正にもなります。

色数が多い柄で
華やかさを

補整のしかた

たたんだ手ぬぐいを、襦袢の内側の胸板にのせる。

タオルを使うならV字に折り、胸全体をおおうように、襦袢の内側にあてる。

Column

着物仲間とさくら先生の
ネット通販失敗談議

ネット通販は安くて手軽！　でも、だからこそ陥りやすい失敗もいっぱいあります。
着物仲間のいろいろな体験談から、失敗しないためのコツを学びましょう。

「賢いお買い物五カ条」

㈠サイズを必ず確認
㈡着物・帯の種類を確認
㈢不明なことは必ず聞く
㈣安い理由を考える
㈤返品可能か確認する

失敗例 1

オークションサイトを見ていたら、とっても素敵な色柄の着物を見つけたんです。落札の時間が迫っていて、焦ってポチッと……。サイズを見なかったため、届いて合わないことが判明……、涙。

あの、カウントダウンにやられちゃうですよね～。でも、たんすの肥やしを増やしてもしょうがないので、色柄が気に入っても、必ず自分が着られるかどうか、似ているものを持っていないかを確認してから、悩みましょう！

失敗例 2

好みの柄だ♪と、テンションが上がり、よく考えずに着物を購入したら……。あれれ？ 絵羽(えば)柄（→ P.132）になってる、それもすそだけ…ってことは、色留袖だ！　着る機会の少ない着物と知ったのは、届いた後でした。

柄の部分だけを見て購入するのは危険ですね。着物専門のサイト以外や、個人が出品しているサイトでは、出品者にまったく着物の知識がない場合があります。全体像が見えなければ、どんな着物か質問してから検討しましょう。

失敗例 3

結婚式参列用に留袖を探していたら、柄も好みのものが3000円!?　ラッキー♪と買ったら、スケスケで……。もしや夏物？　画面ではよくわからなかったんです。

生地の説明に、絽（ろ）・羅（ら）・紗（しゃ）・麻（その他天然植物素材）という言葉が入っている場合は、夏に季節が限定される着物や帯になります。絹なら大丈夫、というものではありませんから、気をつけましょう。

失敗例 4

かわいらしい柄に惹かれて帯を購入。届いてみたら生地がクタクタした帯で、へこ帯？とも思いましたがちょっと違う。しめてみても、何だかおかしい……。

芯地を入れて仕立てる前の、帯地かと思われます。せっかくですから仕立ててみてはいかがでしょうか。ネットで仕立て屋さんも検索できます。

失敗例 5

貝桶の古典文様にひとめぼれして帯をゲット。でも、古いせいか、傷んでいたせいか、お太鼓を締めている途中で、生地が裂ける音がしたんです。

ネット通販で、とくにリサイクル品の場合、生地の傷み具合や色味、汚れなどはわかりにくいものです。写真を別途送ってもらっても、見る画面によっても違いますから。不安な場合は、必ず返品が可能かどうか、そのシステムを確認しておきましょう。

Chapter 4

ランクアップ！よそゆき着物にチャレンジ

さあ、ここからは
ちょっとレベルをあげていきます。
よりていねいに着物を着て、
お太鼓結びにチャレンジです。
少し道具や手順が増えますが、
日常着物をマスターした人なら大丈夫！

お着物をネットでポチッ
最近はネットオークションにハマり中! もちろん着物の♥
お手軽なんだよね
わっ この帯ステキー!
2000円で即決
現在価格
¥500-
入札する
2000円で即決!? 入札しちゃおっ
ポチッ
おーっ
この小さい柄もいいなー ほしい!
3000円で即決
現在価格
¥800-
入札する
入札入札♥♥
ポチッ

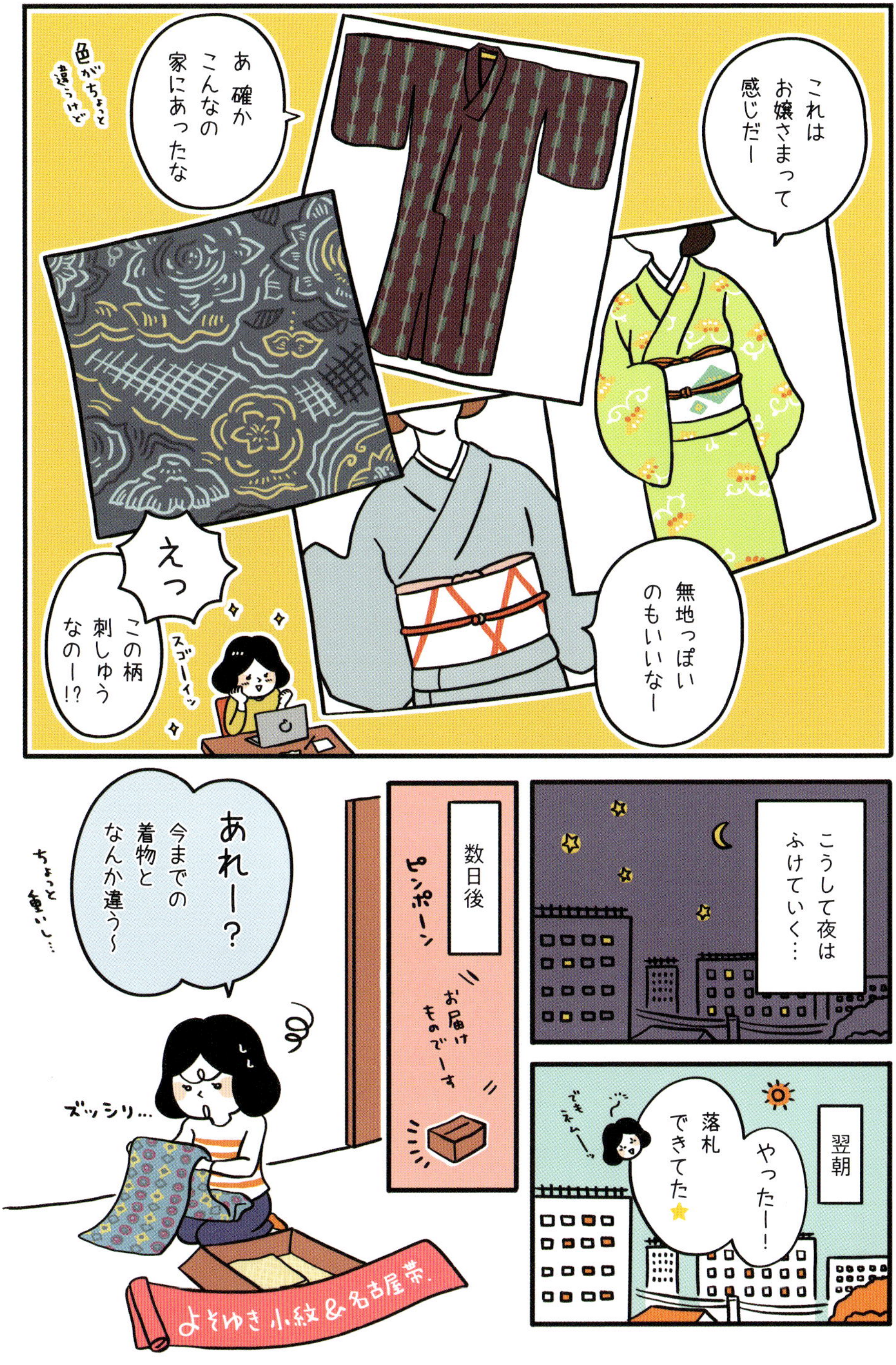

 よそゆき着物は P.96、P130 〜 131 で解説!

よそゆき着物って何？

着物の着つけに慣れてきたら、次はちょっとランクを上げた装いにもチャレンジしてみませんか。よそゆきの着物とはどんなものか、特徴やルールを学んでおきましょう。

「いつもよりおめかししたいとき」というイメージで

よそゆき着物の明確な定義はありませんが、絹素材の着物はランクが上とされます。同じ絹でも、糸を染めてから織られた「紬《つむぎ》」より、白生地を染めた「小紋《こもん》」や「色無地」などのほうがランクが上に。着物は、値段とは関係なく、素材や柄で格《かく》が決まります（↓P.１２８～１３７）。

目的に応じて着物を選ぶことになりますが、いずれにしてもきれいに着ていることが大切。礼装に自信がないときは専門家に着つけてもらうのも一つの方法です。

絹ちりめんの色無地着物に更紗模様の名古屋帯。お食事会や観劇にも向く装い。
【着物・帯：リサイクルきもの福服】

「やわらかもの」がベター

絹の白生地に後染めした着物を「やわらかもの」と呼びます。小紋、色無地、江戸小紋、付《つ》け下《さ》げ、訪問着、留袖《とめそで》などがそれにあたります。絹の優しい生地感やつややかさにより、とても上品な装いになります。練習でおすすめしていた木綿やウールなどが洋装でのジーンズにTシャツとしたら、「やわらかもの」は上品なワンピースというイメージです。

光沢のある織物「綸子（りんず）」の着物地

名古屋帯～しゃれ袋帯

フォーマルでないなら、帯は名古屋帯か、金銀を使っていない袋帯（しゃれ袋）までの格がよいでしょう。格が高すぎるのもよくありません。帯結びは、銀座結びでは少しくだけたイメージになるので、一般的な一重太鼓や二重太鼓がベターです。

帯《おび》締《じ》め

淡色や金銀入りの平組の帯締めは、装いの格を上げる
【リサイクルきもの福服】

襦袢《じゅばん》

絹の白の長襦袢は礼装にもOK

帯《おび》揚《あ》げ

淡色の帯揚げは、いろいろな着物や帯に合わせやすい
【リサイクルきもの福服】

足袋《たび》

白足袋なら、どんな装いでも◎

半衿

右から、どんな装いにも合わせられる「塩瀬（しおぜ）」、夏用の「絽（ろ）」、素材感のある「ちりめん」、礼装に向く「刺繍半衿」
【リサイクルきもの福服】

草履《ぞうり》

礼装からよそゆきまで合わせられる草履
【辻屋本店】

襦袢・小物も清楚な色に

着物・帯以外の小物は、淡い色を選ぶのが無難です。濃い色でもかまいませんが、品よくそうした色を使いこなすのは難しいためです。意外におろそかになりやすいのが襦袢。表から見えないと思いがちですが、袖口からちらりと見えるものなので、特に注意が必要。よそゆき着物をはじめたら、淡色を1枚持っておくとよいでしょう。

Lesson 05

やわらかものの着つけのポイント

基本の着つけは木綿やウールの着物と変わりませんが、生地の違いと目的の違いにより、少し気をつけたいポイントがあるので紹介します。

仕上がりの違いを知る

大きな違いはありませんが、気をつけたいのは2点です。ひとつは丈をしっかり長めにとること。もうひとつはすそすぼまりにしすぎないことです。そして、よそゆきとしてていねいな着つけを心がけましょう。よい着物でも、着つけがぐずぐずでは台無しになってしまいます。

生地の違いによるポイント

木綿やウールの生地は、張りがあり摩擦力が強く、決めた位置で止まりやすい特徴があります。しかしやわらかものの絹は、すべりやすく張りもないので、衿や丈を決めたらしっかり保たないと、形がくずれてしまいます。よりていねいな着つけが必要です。

やわらかものの着物できあがりチェック！

Back
後ろ姿

背中に余計なシワが無く、背ぬいは中央にまっすぐ通っています。すそすぼまりもほどよい加減で、もたついた感じもありません。

Side
横姿

衣紋（えもん）がほどよくぬけ、脇線がまっすぐおりています。おはしょりもすっきり。ウエストのくびれや胸との差が大きい人は、ウエストにタオルを巻くなど、補正をした方がきれいな形になります。

Front
前姿

衿の形が左右対称で美しく、伊達締め（だてじめ）まわりのシワもなく、おはしょりもすっきりして、丈は足の甲に触れるくらい。「草履（ぞうり）をはいて少しかかとが上がると、ちょうどよい」丈を目指します。

P.40

05

着丈を決めるとき

床すれすれくらいに合わせると、着上がったときにちょうどよい丈になります。

ご注意 POINT！

生地がやわらかいので、すそ線をまっすぐ保つにはコツがあります。衿先を少し深めに持つようにすると、保ちやすくなります。

P.41

07

下前を合わせるとき

水平に下前を体に合わせて、脇についたところで、ほんの少しだけ上げるようにします。

ご注意 POINT！

生地の張りを保ちにくいので、ついつい斜めに上げたくなりますが、そうすると、すそが細くなりすぎてしまいます。さらに下前に斜めのシワが入り、それが上前にひびくこともあります。

Lesson 06

名古屋帯で一重太鼓

女性の帯結びのうち、もっとも一般的な一重太鼓。手順が多いように感じるかもしれませんが、結ぶのも過ごすのも一重太鼓が一番らくちん、という人も多くいます。

名古屋帯で一重太鼓

テ先をとめる 01

帯板をしたら、テ先の輪が内側になるように左肩にかけ、前中央で帯板にクリップなどでとめます。

←

case by case

テの長さ

写真では、テ先がおはしょりに届くくらいの長さにしていますが、帯板におさまるくらいでもかまいません。帯の固さや厚みなどによりちょうどよい長さが違うので、手持ちの帯のベストな長さを探してみましょう。

帯幅を折る

名古屋仕立て（→P.21）以外の帯の場合、帯の長さの半分くらいまで、あらかじめ幅を折っておくと巻きやすくなります。

お太鼓結びの前に

1

後ろで結ぶ

２章で紹介した半幅帯やへこ帯での帯結びは、前で結んで回しましたが、お太鼓は後ろで結ぶ方法を紹介します。

2

必要なもの

腰ひもを応用して仮ひもとして使うなど、帯以外に必要なものがあります。

- 帯板
- 仮ひも（腰ひも）２本
- 帯枕
- 帯揚げ
- 帯締め

3

帯揚げを巻いておく

帯を結び始める前に、帯枕に帯揚げを巻き、中央あたりをゴムでとめておくとよいでしょう。帯枕のひももいっしょに帯揚げで包みます。

02 巻きはじめる

背中で帯を右方向へ折り上げ、胴に巻きはじめます。帯を強く後ろに引くと、衿に負担がかかりやすいので気をつけましょう。

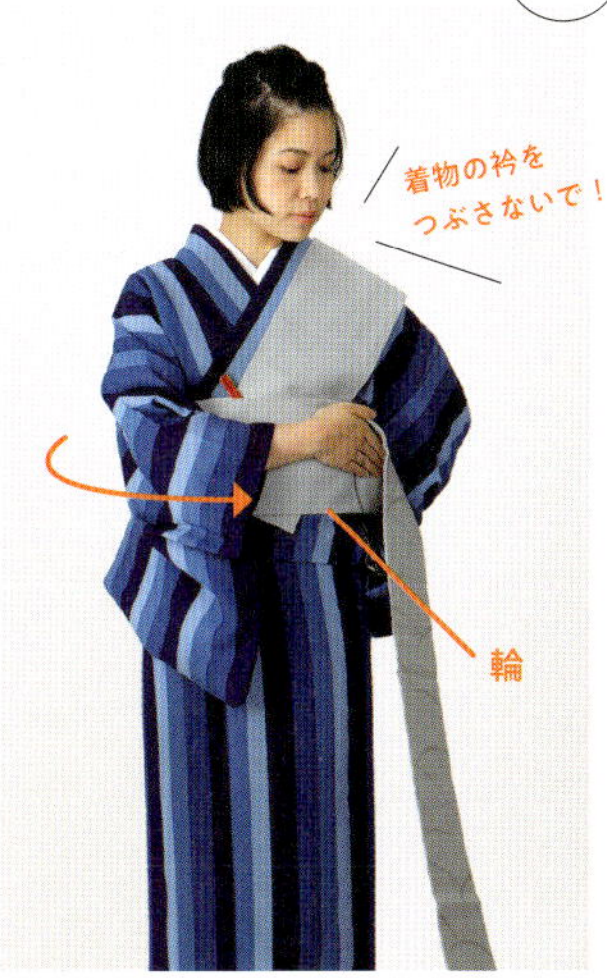
着物の衿を
つぶさないで！
輪

03 1周目を巻いて締める

帯をそのまま右回りに巻いていき、後ろで02の折った部分に重ねます。

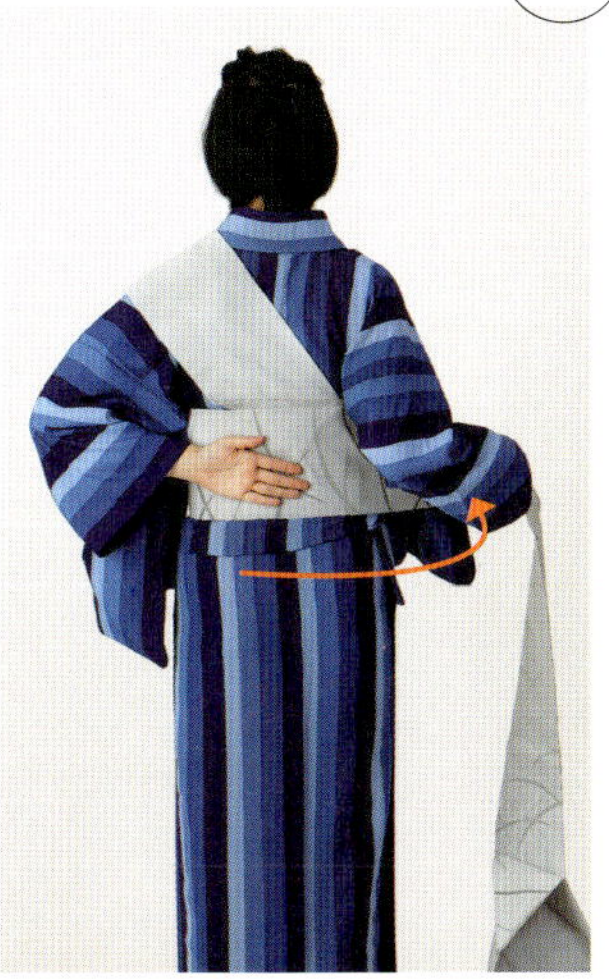

帯が1周過ぎて右脇にきたら、右手で下側の輪を持ち、左手でテを押さえ、右手をキュッとしめます。

巻きはじめを平らにするコツ

1

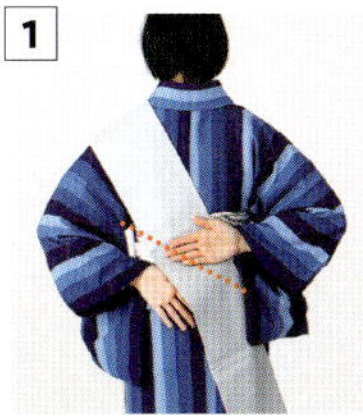

右手で帯を押さえ、左手をその下の帯の内側に入れて折り返す。

2

折りたためたら、そのまま右方向から前へ帯を回す。そうすると、帯の輪が下になる。

帯をしめるときは、必ず帯の下側を持ちます。上を引くと、みぞおちが苦しくなるので注意しましょう。

one point !

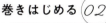

名古屋帯で一重太鼓

2周目を巻く 04

ていねいに、1周目に重ねるようにして2周目を巻き、再び下の輪を引いてしめます。

前後もていねいに

1

1周目の帯の上に、ていねいに重ねる。

2

後ろ側も、手で触って確認しながら巻く。

3

しめたら、1のクリップをはずして、

4

巻いた帯の右脇をとめる。

テを後ろに送る 05

テを背中側へたらして、右側に少しずらしてから、胴に巻いた帯の下線とテの交差点を持ちます。お太鼓の土台をつくる準備です。

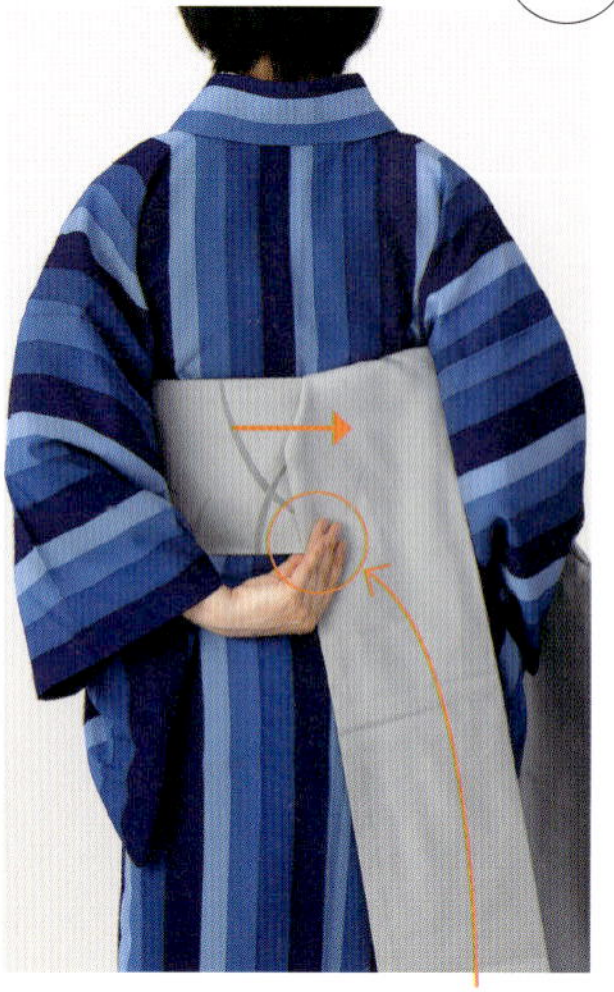

背中心で、胴に巻いた帯の下線と、テをいっしょにつかむ

手順の流れ

1

テを前帯から抜き、後ろへはなして背中側にたらす。

2

テをつかみ、背中心まで右へずらす。

帯を折り上げる 06

右脇のクリップをはずし、仮ひもAを持って胴に巻いた帯をテといっしょに斜めに折り上げます。

仮ひもAでとめる 07

左手をはなし、仮ひもAを帯の上線に沿って前に回して、⑥をとめます。

折り上げ方

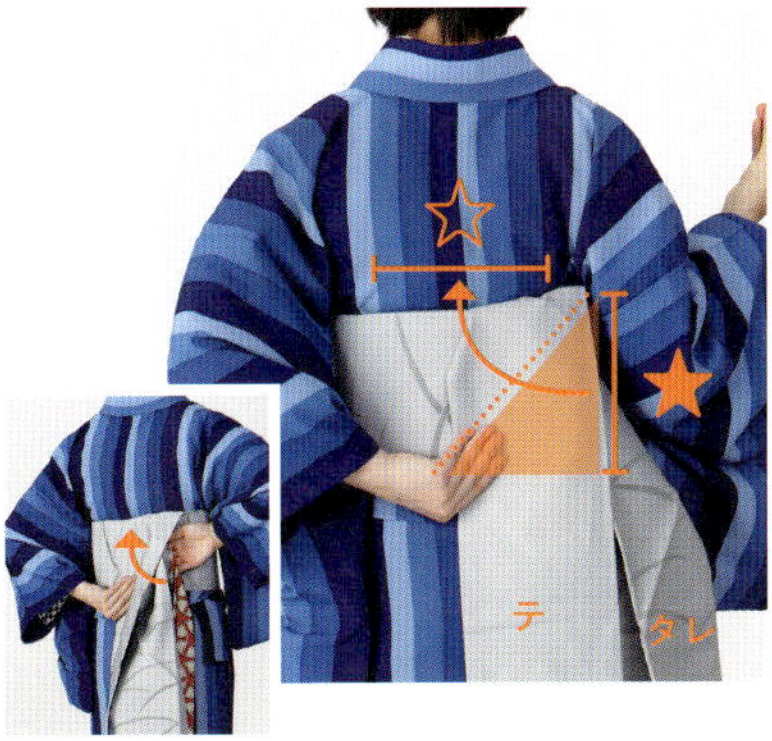

左手は⑤のまま、右脇のクリップを外す。仮ひもAの中央を持ち、クリップを外して下がった帯（タレ）の内側に入れ、左手で押さえている部分を基点に、斜めに折り上げて、そのまま押さえます。★が☆の位置にくるイメージです。

ひもの通し方

1

帯の内側の形

折り上げた形の状態をキープするよう、帯の上線☆に沿って、仮ひもAで押さえる。

2

仮ひもを引いて脇から前に回し、ちょう結びにしておく。

3

テを左後ろから前に回し、クリップでとめておく。

名古屋帯で一重太鼓

帯幅を開く 08

⑦でとめた下で、帯幅をいっぱいにひらき、仮ひもBでとめます。

仮ひもBは前帯に送ったテの上でちょう結びに。

開くポイント

帯幅を開いた根元部分は、帯枕の土台になる

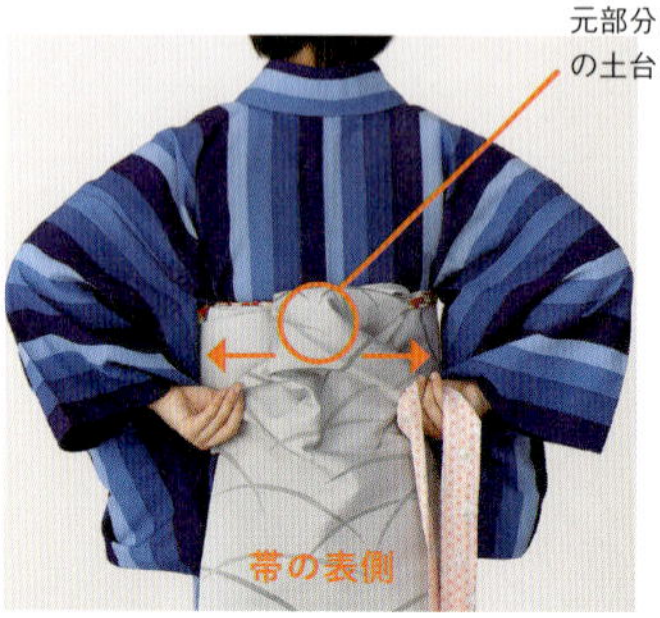

後ろでたれている帯の幅は半分に折ってあるので、右手で外側の縁を持ち、左手で内側の縁を持って左右に開くと、帯の表を外側にして帯幅が開けます。なるべく上の方でしっかりと開きましょう。もし、名古屋仕立てで開きどまりがある場合は、一番開けるところで開き、そこを帯の幅の中央辺りに持っていき、そこを仮ひもで押さえます。

帯枕を入れる 09

帯揚げを巻いた帯枕を、仮ひもBで押さえた場所の下の内側に入れます。

帯枕の向き

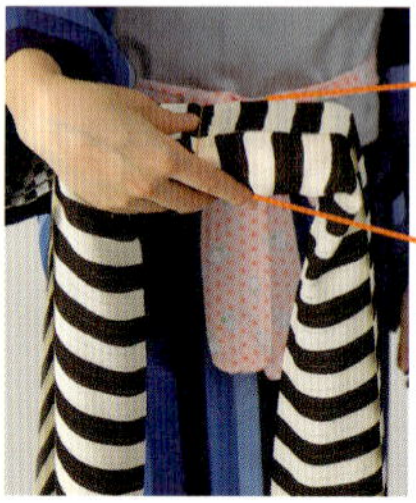

背にあたる平らな面を上に

丸みのある方を下にして持つ

そのままの向きで後ろへ送り、もう一方の手で帯を浮かせる。

帯の内側に入れ、帯の左右幅の中央に持っていく。

10 お太鼓の山をつくる

帯枕と帯の両脇をいっしょに持ち上げて、背中にあてます。次に帯枕のひもを前でしっかり結んでから、帯の内側に入れ込みます。

←

11 お太鼓の下線をつくる

ていねいに!

仮ひもを2本ともはずし、そのうちの1本を、帯の内側に通してガイドにし、お太鼓の下線を決めます。

帯枕の上げ方

1

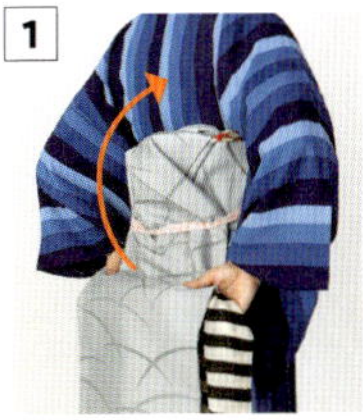

⑨で入れた帯枕の向きのまま、帯をいっしょに持つ。

2

手首を返すようにしながら、上に持っていき、⑧の土台の上に帯枕をのせる。

3

帯枕の位置を保ちながら、帯枕のひもを両脇で引く。

4

帯枕のひもを前で片ちょう結びにし、帯と体の間に押し込む。帯揚げは仮結びに。

下線の決め方

1

帯枕の下がふくらんでいたら、なるべく平らにならす。

2

仮ひもを帯の内側に通して、胴に巻いた帯の下線に合わせる。

3

そのまま水平に後ろへずらし、たれた帯にあてる。

4

帯の両脇と仮ひもをいっしょに持ち、人さし指で、ひもを基点に内側に折る。

名古屋帯で一重太鼓

タレ先を決める ⑫

お太鼓の下線をずらさないよう、タレ先を上げて、人さし指1本分くらいの長さに決めます。

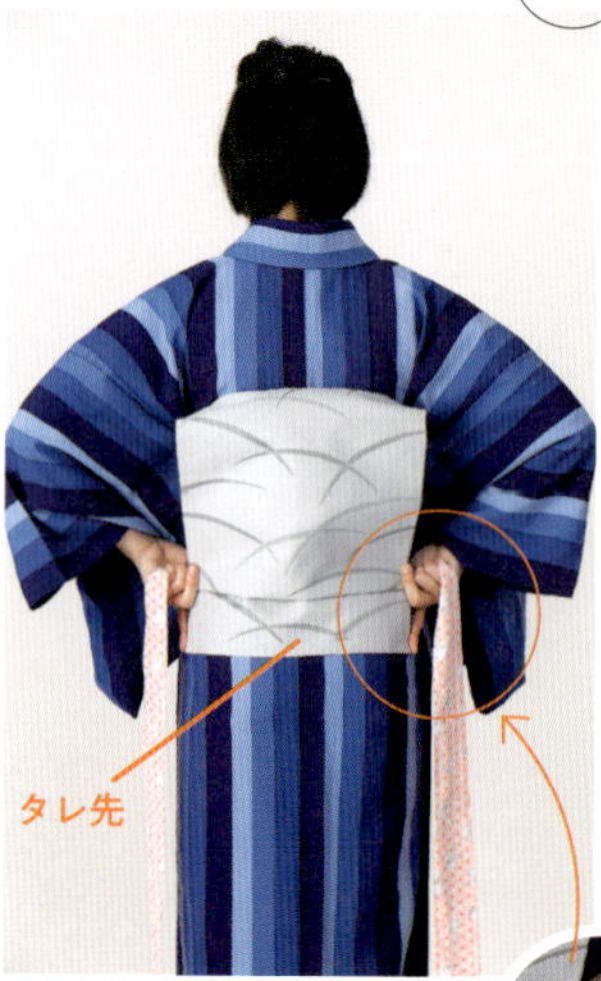

人さし指を下にのばして、手の間隔と鏡で確認をしましょう。

テ先をお太鼓に通す ⑬

テをとめていたクリップをはずし、テ先を後ろへ回し、お太鼓の中を通します。左右のバランスをとりましょう。

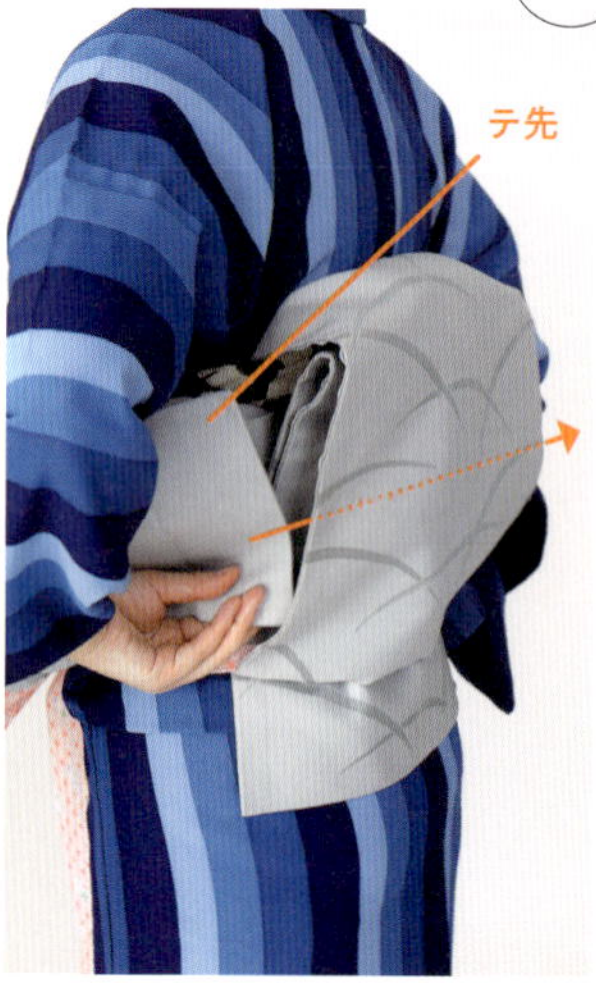

タレ先の上げ方

1

P.105⑪で決めた下線の左右中央あたりを、仮ひもごと片手で持つ。下線の位置をずらさないように注意すること。

2

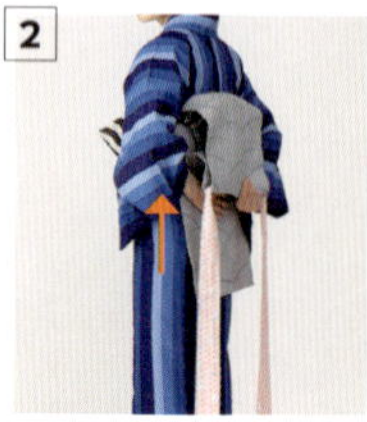

もう一方の手で余分なタレをお太鼓の内側に送り込む。

3

タレ先を人さし指の長さ分残し、仮ひもを前で結んでお太鼓の形を固定する。

テの処理のしかた

1

テを右側へ折り返し、手先を後ろへ送る。

2

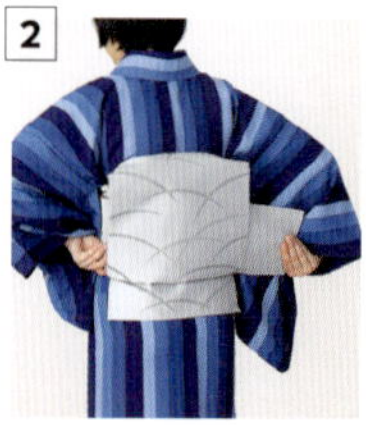

仮ひもに沿ってテ先を通す。

3

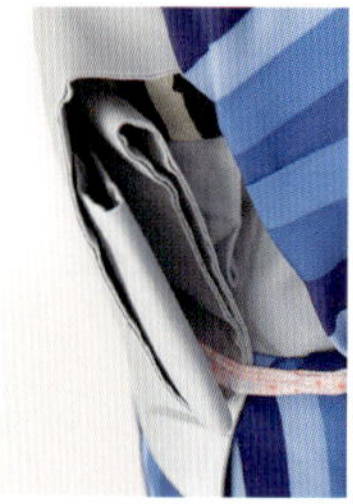

2㎝以上はみ出る場合は、テ先か反対側をお太鼓の内側に折り返し、左右のバランスをとります。

帯《おび》締《じ》めを通す 14

帯締めをお太鼓の内側、テの外側に通し、前にもっていきます。

帯締めは、帯幅の中央の高さを通るようにします。

帯締めを結ぶ 15

帯締めの長さを左右合わせ、前で基本結びにします。締め終わったら仮ひもは外します。

帯締めの基本結び

1 帯締めの長さを左右そろえたら、左を上に交差。

2 ひと結びしてしめたら、もう一度ひもを前に出してから、再度しめる。

3 右側を、結び目に向かって折り返し、結び目の上で押さえる。

4 左側の房を、3の輪に上から入れる。

5 結び目を押さえながら、左を少し引く。

6 左右を少しずつ引いて、輪が小さくなったら、

7 押さえていた手をはなし、しっかりしめる。

房は上向き

8 端を帯締めに上からはさめば完成。仮ひもを外す。

名古屋帯で一重太鼓

帯《おび》揚《あ》げを結ぶ 16

仮結びしていた帯揚げをほどき、幅をととのえて結びます。

仕上げ 17

帯締めの内側をしごいてシワをとったり、着物の着つけをチェックして仕上げをしましょう。

帯揚げの基本結び

1

帯揚げの幅を、1/3に2回折ってから、さらに半分に折る。

2

左を上に交差させる。

3

そのままひと結びし、たてにひねる。

4

上から出た方を下ろした内側で、下から出た方を左に向けて輪をつくる。

5

上から出た方を、4の輪に下から通す。

6

結び目に指を入れながら、少しずつしめ、結び目が四角になるようととのえる。

7

長さを少し折り、帯の内側に入れ込む。

8

結び目を少し帯の内側に入れ、見え加減をととのえる。

06

名古屋帯で一重太鼓

一重太鼓 できあがりチェック！

Side
横姿

お太鼓がぶかぶかせず、中もすっきりとととのっているか

Front
前姿

帯揚げが左右均等で、出具合もバランスがよいか

帯に余計なシワがなくすっきりしているか

帯締めの結び目が中央にあり、帯幅のまん中あたりか、少し下くらいを通っているか

Back
後ろ姿

お太鼓の山が肩甲骨の下あたりにあり、ゆがんでいないか

タレの長さは人さし指の長さくらいか

Lesson
07

名古屋帯のいろいろ結び

粋な銀座結び、短い帯の場合のアレンジ、お太鼓柄の帯での柄合わせの仕方など、名古屋帯のさまざまな楽しみ方を紹介します。

PROCESS

銀座結び

Style

Front
前姿

帯を胴に巻く 01

一重太鼓の01～07（P.100～103）と同様に、帯を胴に2周巻き、巻き終わりを折り上げてお太鼓の土台をつくります。

↓

帯幅を開く 02

仮ひもAの下の帯幅をしっかり開き、右手で押さえます。

Point!

- 後ろで結ぶ方法です
- 一重太鼓の手順と途中までは同じです
- 帯枕を使わず、仮ひもCでお太鼓の山をつくります
- テで羽をつくり、立体的な形にととのえます

もともとは長めの帯による「角出し（つのだし）」という帯結があり、それを名古屋帯で同様の形になるように考えられたのが銀座結びです。粋な雰囲気になるのが特徴。かしこまった場には、選ばない方がよいでしょう。タレが少し長く、下にボリュームがくるので、ヒップを隠したい人にも人気です。

羽根をつくる 03

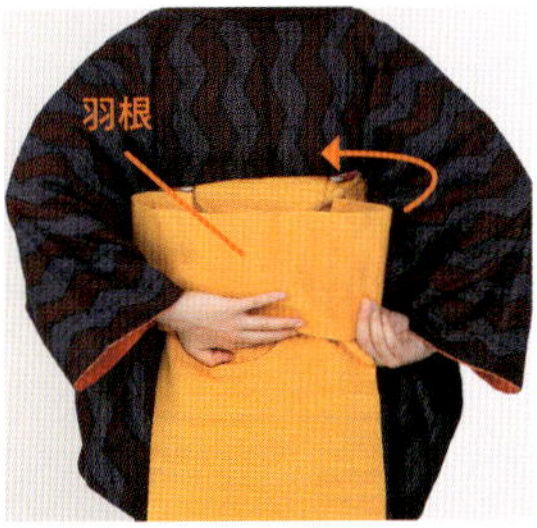

左手でテ先を外側に折り返すようにして後ろへ送り、02で開いた部分に重ねます。この羽根が、帯幅より左右それぞれ2～3㎝ほど出るようにととのえます。右側が余ったら、内側へ折り返し、たりない場合は左右幅が均等になるよう調整しましょう。

羽根を仮ひもBで固定 04

03で決めた羽根の上に仮ひもBをあて、前で結び、固定します。

お太鼓の山をつくる 05

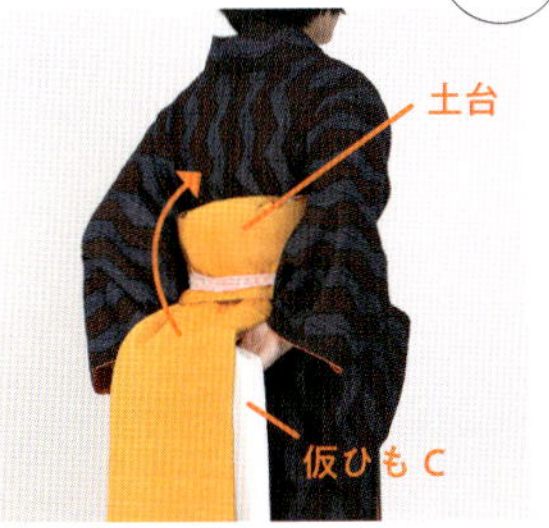

下にたれた帯の内側に仮ひもCを通し、手を下げた位置あたりで帯の両脇といっしょに持ち、土台の上に持ち上げます。仮ひもCを前で片ちょう結びをして、帯と体の間に入れ込んで固定します。仮ひもCは、着つけ終わっても外しません。

帯揚《おびあ》げを結ぶ 06

幅を2回三つ折りにした帯揚げを、仮ひもCと同じ位置に通し、前で基本結び（→P.108）にします。

銀座結び

帯《おび》締《じ》めをあてる 07

帯締めの長さは左右均等に
帯締め

帯締めを帯の内側に通し、おしりのトップあたりで帯の両脇といっしょに持ち、人さし指で帯を内側に帯締めをくるむように折ります。

タレをきめる 08

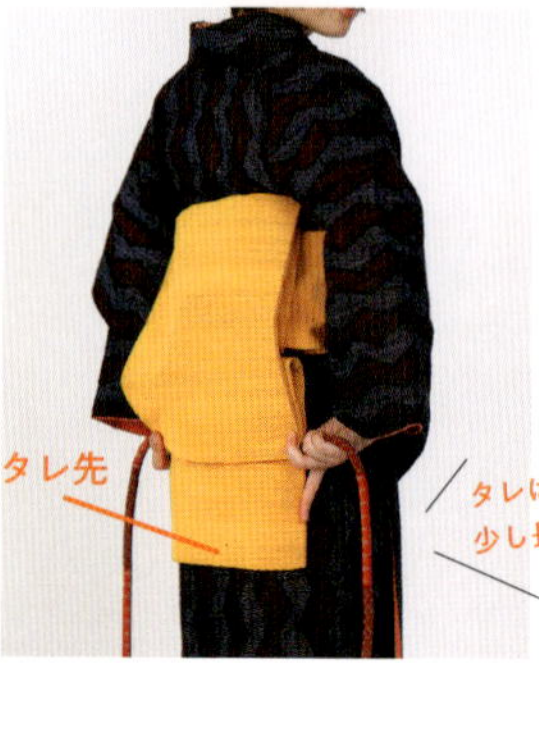
タレ先
タレは少し長め

⑦で折った部分を片手で持ち、もう一方の手で残った帯をそのまま上げて、タレ先を20㎝ほど残し、帯の両脇でいっしょに持ちます。

お太鼓をつくる 09

羽根

帯締めは後ろから
斜めに上げても OK

⑧で持った部分を、羽根をくるむようにして内側に持ち上げ、前で帯締めを基本結び（→P.107）にします。

形をととのえる 10

羽根を少し浮かすように形をととのえればできあがり。

お太鼓柄の柄合わせのコツ

お太鼓

前帯

前帯とお太鼓部分にポイント的に柄のある帯。まずはどんな位置に柄が入るとよいのか知っておきましょう。一般的に柄をまん中に合わせるより、前帯なら左右に、お太鼓なら上下にずれたほうがバランスよくまとまります。それぞれの帯のデザインによるので、理想のバランスを想定して、結ぶようにしましょう。

お太鼓の合わせ方

帯枕をあてたとき、鏡で柄の位置を確認します。帯枕の厚み分は山になるので、柄の位置は理想より少し下くらいがよいでしょう。銀座結びの場合は、ちょうどよい位置に。

山を上げた後も念のために確認を。理想と違う場合は、帯枕を当てるところからやりなおしましょう。

前帯の合わせ方

帯の2周目を巻きはじめたとき、柄の位置を確認します。理想よりずれていたら、ここで調整しましょう。

左にずらしたので、テ先が少し短くなりました。背中の巻きはじめの折り返し部分も、背中心になるよう同様に調整しましょう。

羽根出しお太鼓

テを短くとる 01

帯板をつけたら、テ先から肩幅をテの長さとし、巻きはじめを前にあてて、半幅帯のように胴に2周巻きます（→P.49 02）。

↓

前で結ぶ 02

帯を前で斜め内側に、三角になるように折り、テを上に交差させてひと結びします（→P.62 02～03）。

Style

Front
前姿

Point!

- 前で結んで、最後に後ろへ回す結び方です
- テ先をお太鼓の山の上に出すことで、表情が変わります
- 仮ひもは1本だけ使います

よりカジュアルな雰囲気のお太鼓になり、オリジナル感が出せるのもうれしいところ。後ろで形をつくるのが苦手な人にも向いてます。短めの帯の場合、06～07でお太鼓をつくる際、「半幅角出し」のように（P.69 06）、帯締めを外側にあてて、内側に引き上げると形がつくれます。

お太鼓の山をつくる 03

タレ側の帯を広げ、山にしたい位置の内側に仮ひもを通し、持ち上げます。残りの長さは、45㎝以上残っているようにします。

テ先を山にのせる 04

お太鼓の山の上に、テ先をバランスよくのせ、羽根にします。斜めに、お太鼓より左右どちらかにはみ出すと、かわいいポイントに。

仮ひもで固定 05

羽根がずれないように胴に巻いた帯の上線に仮ひもごとあて、ひもを後ろで結びます。帯揚《おびあ》げを仮ひもに沿って巻き、仮結びをします。

タレ先を決める 06

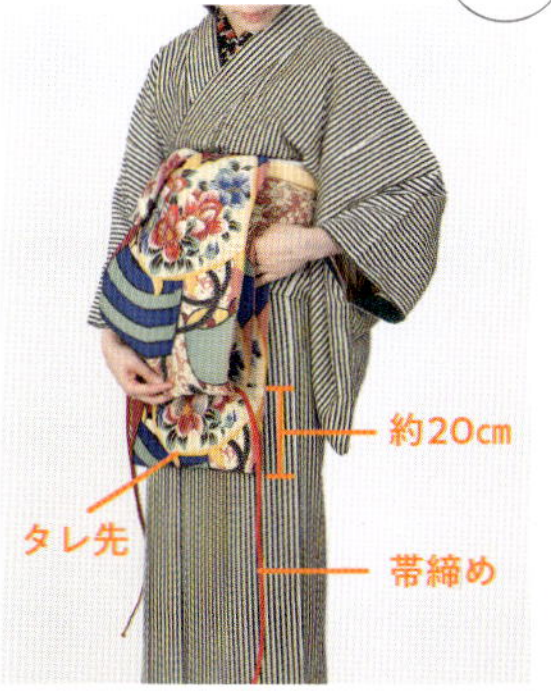

帯締《おびじ》めを帯の内側に通し、そこから下の帯をお太鼓の内側に折り上げます。タレ先は帯締めの位置から約20㎝出します。

お太鼓をつくる 07

帯締めと帯をいっしょに持って（右下写真）内側に引き上げてお太鼓の形をつくります。帯締めはそのまま後ろで仮結びをします。

帯を回して仕上げ 08

帯を右に回します（→P.51⑥）。仮ひもを帯と体の間に押し込み、帯揚げ（→P.108）と帯締め（→P.107）を結び直します。

Lesson 08

袋帯で二重太鼓

袋帯やしゃれ袋帯など、長い帯で結ぶ二重太鼓。お太鼓部分の帯が2重になり重厚感が出るので、礼装にぴったりな帯結びです。

袋帯で二重太鼓

二重太鼓の前に

1 帯幅を折る

名古屋帯のようにテが折られていないので、幅を半分に折って胴に巻く必要があります。

2 必要なもの

一重太鼓と同じものが必要になります。装いで見える帯揚げと帯締めは、帯の格に合わせて用意しましょう（→P.97）。

- 帯板
- 仮ひも（腰ひも）２本
- 帯枕
- 帯揚げ
- 帯締め

3 お太鼓を少し大きめに

帯結び全体の流れは、一重太鼓とほぼ同じですが、お太鼓の作り方が違います。気持ち大きめにつくると、バランスよく仕上がります。

4 よりていねいに

礼装向きの帯結びなので、ていねいに仕上げられるとよいでしょう。

ていねいに！ 帯を胴に巻く 01

帯板をして、幅を折った帯を一重太鼓と同様に2周巻き、巻き終わりを折り上げてお太鼓の土台をつくります。（→P.100 01～103～07）。

輪
テ先
帯幅キープを意識して！

帯幅の折り方

袋帯の場合は、あらかじめテ先から帯の長さの中央辺りまで、帯幅を半分に折っておきます。そうすると、胴に２周巻くときに、余計な手間が減り、仕上がりもきれいにできるでしょう。

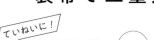

テの輪を下に 02

テを前に回す前に、土台の下の三角部分の内側でテを上下にひねり、輪を下にします。

胴に巻く帯は輪が下になっていますから、テも同様にするのが正式な結び方なんです。カジュアルな装いでは、このひと手間を減らしてもよいでしょう。

帯を開く 03

土台の下で帯を開き、仮ひもBで押さえて前で結びます。

帯の内側での折り方

土台をつくったら、テを持って輪の位置を確認します。

返しやすい方にひねり、輪を下にしてから、前でとめましょう。

開くコツ

まず、右手で外側の縁を持ち、左手で内側の縁を持ちます。その手を左右に開けば、自然と帯が開きます。このとき、帯の表側が外になります。

胴に巻いた帯幅の中心あたりの高さで、しっかり開くようにしましょう。

袋帯で二重太鼓

タレ先を前へ 04

後ろの帯をたぐりよせて、タレ先を前で持ちます。

ねじれないように！

帯枕をのせる 05

ていねいに！

タレ先から約30㎝の位置に、帯揚げを巻いた帯枕を、背にあてる平らな面を下にしてのせます。

ねじれないコツ

手が触れるところから、帯を少しずつたぐり寄せます。しゃがんでタレ先をいきなり持つのは、ねじれの原因に。

前に持ってきたら、帯の裏表と、ねじれの確認を。

帯枕の位置の決め方

タレ先を、帯の縁に向けて三角に折ります。帯幅が約30cmなので、そこが目安になります。

帯の表が前に向くようにして目安の位置で折り、帯枕を当てます。

06 帯をかぶせる

帯枕より上側の帯を、帯枕を基点にかぶせます。

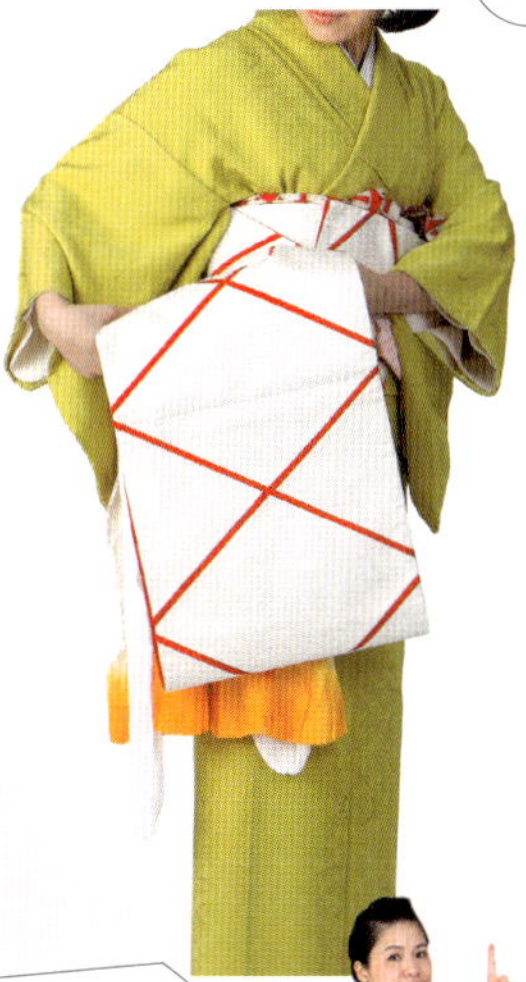

帯をかぶせていると、帯の巻きはじめ側が徐々に短くなっていくので、自然と脇へ移動することになります。

←

07 山の位置を決める

帯をさらにかぶせながら後ろへ回し、帯山の位置を決めて、両脇から持ちます。

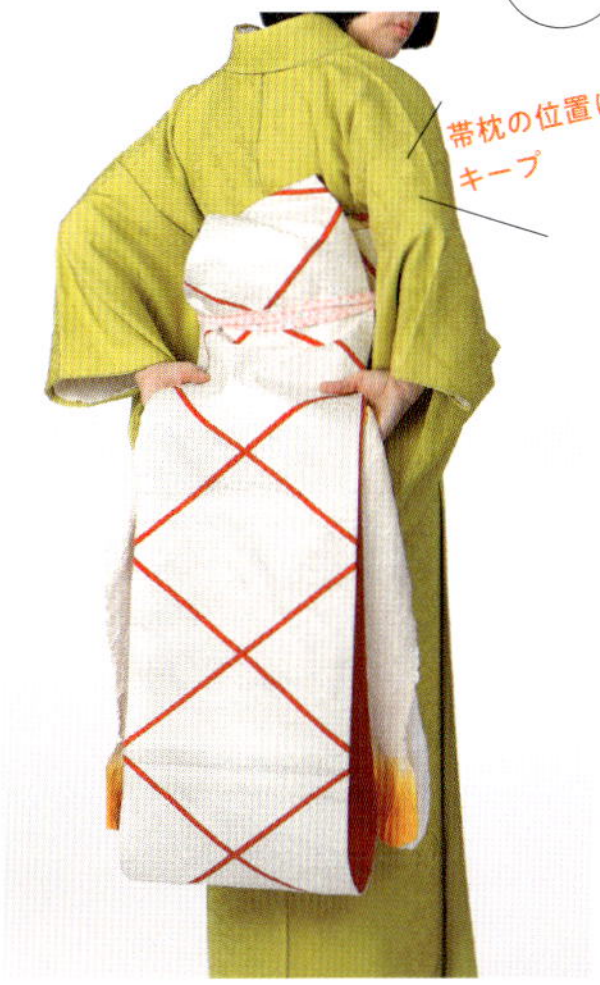
帯枕の位置はキープ

←

かぶせ方

1

決めた位置で、帯枕と帯を片手で持ち、上の部分を持ってかぶせる。

2

ある程度かぶせたら、両手で帯の両脇を持って少しずつかぶせながら、脇へもっていく。

山の位置の決め方

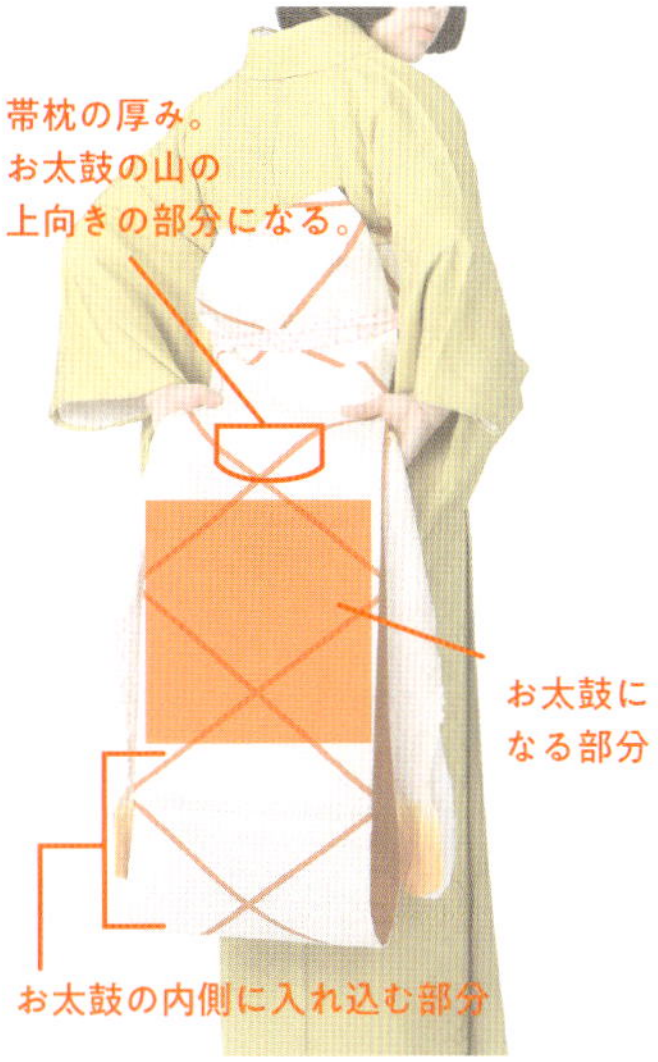
帯枕の厚み。
お太鼓の山の
上向きの部分になる。
お太鼓に
なる部分
お太鼓の内側に入れ込む部分

袋帯で二重太鼓

08 お太鼓の山をのせる

⑦を土台の上にのせ、前で帯枕のひもを結び、帯揚げを仮結びします（→P.105⑩）。仮ひも2本を外します。

09 お太鼓の下線を決める

仮ひもをお太鼓の下線の位置に、内側からあてます。

お太鼓の下線
仮ひも

一重太鼓より、少し大きくてもOKです。

のせるときのコツ

土台の部分が浮かないように、片手で押さえながら上げはじめるとよいでしょう。

途中まで上げたら、左右で持ち、帯枕を背中で迎えに行くようにして、のせます。

下線の決め方

タレ先と、お太鼓をつくる輪になっている部分とを確認し、その間に仮ひもを通します。

輪
タレ先

横から見て、バランスを確認！

胴に巻いた帯の下線より、少し下の位置にすると、少し大きめのお太鼓がつくれます。ただし、タレの長さが10cmほど残っていることも確認を。

ていねいに！

お太鼓をつくる 10

09で決めた位置から、残りの輪の部分を内側に入れて、お太鼓の形をつくり、仮ひもを前でちょう結びにしてとめます。

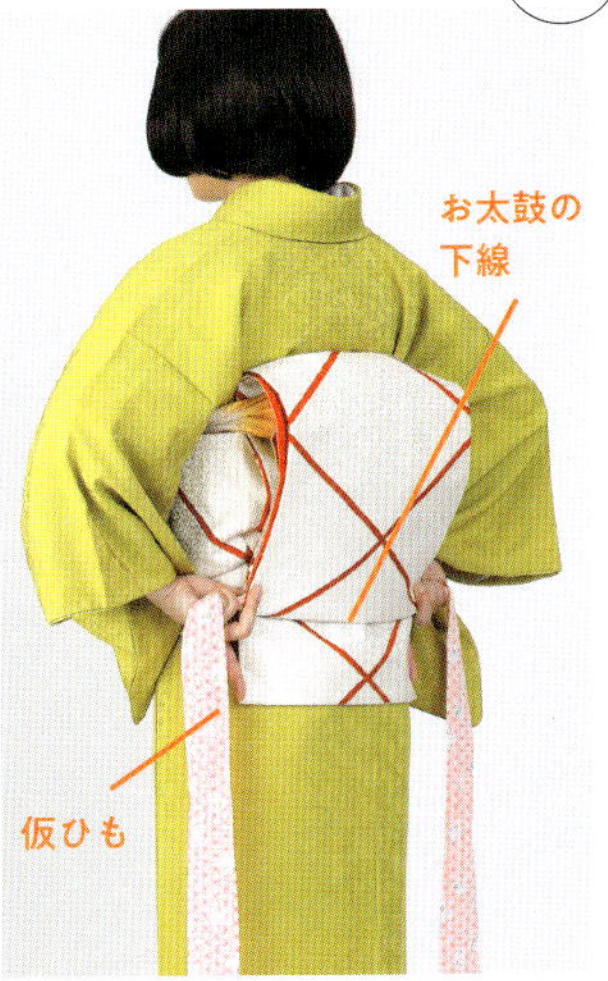

輪の入れ方

1

仮ひもといっしょに帯の両脇を持ち、人さし指を外側に出す。

2

仮ひもを基点に、人さし指で帯を内側に折る。

3

折り目を片手で持ち、もう一方の手で、残りの部分を内側になで上げる。帯枕より上に行くようなら、下へ折りたたむ。

テ先を入れる 11

テ先を、お太鼓の内側に通し、帯締《おびじ》めを基本結び（→P.107）にして固定します。仮ひもを外します。

テ先を通す位置

仮ひもが通っている位置と、同じ位置にテの輪が通るようにします。二重になったお太鼓の間に通さないように注意しましょう。

袋帯で二重太鼓

仕上げをする 12

帯《おび》揚《あ》げを結び直し（↓P.108）、全体をととのえたらできあがり。

総絞りの帯揚げの場合

case by case

礼装の場合、総絞りの帯揚げで重厚感や華やかさを演出する場合があります。基本の帯揚げの結び方でもかまいませんが、総絞りの利点を生かした結び方があるので紹介しましょう。生地の伸縮性を生かして、ふんわり仕上げます。

帯揚げをひと結びしたら、たてに引く。

上側を垂直に下ろし、下側を結び目の際から反対側（左）へ引く。

帯の上線に沿って、内側に入れ込む。

上側は、先端を少したたんで、帯の中央の内側に入れ込む。

山をととのえればできあがり。

二重太鼓のできあがりチェック！

Front 前姿

帯揚げが左右均等で、出具合もバランスがよいか

帯に余計なシワがなくすっきりしているか

帯締めの結び目が中央にあり、帯幅のまん中あたりか、少し下くらいを通っているか

Side 横姿

お太鼓がぶかぶかせず、中もすっきりととのっているか

テの輪が下を通っているか

Back 後ろ姿

お太鼓は、少し大きめでバランスがよいか

お太鼓の山が肩甲骨の下あたりにあり、ゆがんでいないか

タレの長さは人さし指の長さくらいか

Column

どこまでOK？
着物のマナーQ&A

着物には着物のマナーがありますが、最近ではデザインの幅が広がり、以前より厳しくない面もあります。悩みやすいマナーの「どこまでOK？」を知っておきましょう。

Q1 やわらかものの着物に半幅帯はおかしい？

A 気軽なお出かけ目的の装いなら大丈夫

選ぶなら、小袋仕立てまたは絹や化繊で袷の半幅帯を。無紋の色無地や小紋着物にしめれば、こなれたカジュアルダウンになります。フォーマルなシーンや格上の着物にはNGです。

Q2 アクセサリーはつけてもよいのでしょうか？

A 気軽なお出かけなら楽しんで

ピアスやイヤリング、指輪は、和装でもつけやすいアクセサリーです。ただし、フォーマルな着物や、お茶席ではNG。TPOをわきまえて楽しみましょう。

Q3 ゆかたでレストランは大丈夫？

A イベントで歓迎しているならOK

最近ではホテルのレストランでも、ゆかたを歓迎するイベントを行っている場合があります。そういうイベント以外での高級レストランでは、ゆかたは避けるのが無難。不安なときは店に確認を。

Q4 下駄ってはいちゃいけないシーンはある？

A 下駄は基本はカジュアル用です

下駄はラフなはきものとして、ホテルや劇場によっては、入店を禁止しているところもあります。また、音を控えるべき観劇や音楽会、美術館なども、下駄はそぐわないはきものになります。

Q5 「平服」の披露宴なら紬を着てもOK？

A 列席者や会場で判断を

招待状などにある平服とは、「正礼装ではなく」という意味です。両親や親戚が列席する場合や、高級な会場の場合は、やわらかものを選び、袋帯を合わせるのがおすすめです。友人たちだけのカジュアルなお祝いパーティーなら、紬でもコーディネートを華やかめにする、などもよいでしょう。

Chapter

5

もっと知りたい！

着物の基礎知識

着物の種類やＴＰＯ、
季節の着分けについて
基本的な知識を紹介します。
カジュアルなシーン以外では
和装のマナーを守って、
装えるようになりたいものです。

充実の着物生活!!
着物をはじめて
1年かー
お食事会
おまたせー
着物?! イイじゃん!
カワイー
イイなー
着物ででかけるのって楽しいーー!
美術館
お花見
キレー
私も着物着る!
今日は美容室で着せてもらったケドね…
おーい、
結婚式
着物仲間もできちゃったし!

雨対策は P.140、収納のヒントは P.157 へ GO！

着物の種類

着物には、素材や模様による種類があり、それぞれ最適なTPOが異なります。着物のおしゃれも、シーンに合った装いがたいせつ。大まかな違いを知っておきましょう。

その1 日常着物

自宅で過ごすときや、気軽でラフなお出かけなどに向く装いとしては、やはり家庭で洗濯できる素材であることが第一。着つけの練習にもぴったりな着物です。

主な種類

生地でいうと、木綿やウール素材で、ゆかたもそのうちのひとつです。「絹ではないので日常着」としてとらえるとわかりやすいかもしれません。裏地をつけない単衣《ひとえ》仕立てがほとんどです。

コーデのルール

「礼装向きのアイテムは合わせない」というのが大原則です。値がはるものも、日常着には向きませんね。

工芸品から日用品まで

木綿着物のうち、1万円以下で日用品にしやすいのは、リサイクルがほとんど。ほかは各地域の工芸品で、久留米《くるめ》絣《がすり》、伊勢《いせ》木綿《もめん》、川越《かわごえ》唐桟《とうざん》、会津《あいづ》木綿などは、仕立て込みで数万円程度です。

木綿 MOMEN

大胆な縞柄の木綿着物。色の濃いものを選べば、汚れも気にならずに過ごしやすそうです。お勝手仕事もはかどりそうな、ピーマン柄の半幅帯を合わせて。トランプ柄の半衿もアクセントに。
【草履：HARU キモノコモノ屋】

Zoom up

先染めの木綿生地は、色落ちしにくく日常着にぴったりです。

化繊着物は賢く選びましょう

化繊は正礼装には向きませんが、素材感や柄つけにより、ゆかたにも、よそゆきの着物にもなります。仕立て済みの既製品があり、比較的安価なのも特徴です。

ウール
WOOL

冬だけと思ったら大間違い!

ウールというと、洋服の感覚では冬物と思われがちですが、着物で使われるウールはサラッとした肌触りで、11～4月に着られます。襦袢や腰ひもで見る「モスリン」もウール製のことも。

モノトーンの着物は小物づかいで華やかに。友人とお出かけなら、ビビッドな色柄で洋のテイストをプラスするのもいいでしょう。ワンピース気分の装いに。
【帯締め：yumiutsugi beadworks】

Zoom up

ウールはやわらかさがあり、体なじみのよい素材です。

混ウール素材も人気

最近では、ウールに絹や化繊を混ぜた生地などもあります。シルクウールは、絹のしなやかさにより高級感が加わります。化繊混は扱いやすさが特徴です。

ゆかた
YUKATA

夏まつりには必須

「浴衣」はもともと湯上りに着たものですが、いまでは夏のお出かけ着としての立場を獲得しています。既製品も多く、着物はじめてさんにもハードルが低いと言えるでしょう。

Zoom up

ひとつひとつ糸でくくり、生地を染め分けた絞り染めの繊細な技。

手の込んだ絞り染めのゆかたは、普段着ながら大切に着たい素材です。ふんわりとした薄い生地が心地よく、軽やか。同じく絞り染めのへこ帯とあわせると、カジュアルダウンします。

その2

よそゆき着物

ちょっといいレストランに行く、目上の人と会う、観劇を楽しむなど、おしゃれに気をつかうシーンでの装いに向く着物で、礼装ほどかしこまらない場合の着物です。基本は絹製の着物を選びましょう。

主な種類

よそゆき着物のなかで格が上のものからいうと、紋なしの色無地・江戸小紋、続いて小紋・紬となります。織る前に糸を染めた先染めの紬以外は、白生地を染めた「やわらかもの」になります。

コーデのルール

半幅帯でもかまいませんが、バランスがよいかどうかを判断するのは難しいところ。心配なら名古屋帯やしゃれ袋帯を選ぶと安心です。

紋なし 色無地 IROMUJI

色無地はその単色が装いの7割を占めることになるので、自分に似合う色を選びたいもの。大胆な幾何学模様の帯が映えるコーディネートです。

【草履：辻屋本店】

縁起のよい唐草に花模様の入った、つや感は控えめな地紋。

実は生地の種類がいろいろ

一口に色無地と言っても、ちりめん素材で地紋がなくマットでカジュアルな雰囲気のものから、地紋入り、つや感のある綸子《りんず》で高級感のあるものなどさまざま。合わせる帯により装いの格が決まります。

紋なし 江戸小紋 EDOKOMON

遠目には無地に見える細かい柄

江戸小紋は、ごく細かな模様を単色で染め抜いた着物です。粋な江戸のおしゃれから発展しました。鮫小《さめこ》紋《もん》・行儀《ぎょうぎ》・角通《かくどお》しは格が高い柄です。ほかに草花やシャレの効いた模様も。

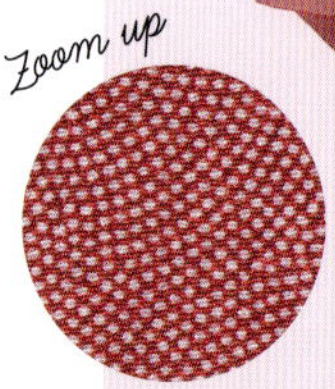

点で描いた円が重なっているように見える鮫小紋。鮫肌に見立てた名称です。

少し光沢のある白地の織の名古屋帯で、上品な装いに。

【着物・帯：リサイクルきもの福服、下駄：辻屋本店】

小紋
KOMON

種類豊富で選ぶのが楽しい

小紋とは、型染で、繰り返し同じ模様が染められた着物の総称です。柄が続いているように見える総柄（写真）は格が高く、無地場の多いものは上品に、幾何学模様などはカジュアルな装いに向きます。

沖縄の工芸品「紅型（びんがた）」風の着物に、染め名古屋帯でカジュアルダウン。多色づかいの着物は色合わせがしやすいのが特徴。
【着物・帯：リサイクルきもの福服、草履：辻屋本店】

表面の凹凸はちりめん織の「しぼ」。ふんわりと、やさしい雰囲気の生地感が特徴。

紬
TSUMUGI

トーンをそろえ、色数をおさえたシックなコーディネート。紬のカジュアル感が出ています。
【着物・帯：リサイクルきもの福服、下駄：辻屋本店】

縦縞と浮き織で模様を表した生地。横の筋は、糸節によるもの。

紬糸を染めて織った着物

紬は、紬糸独特の糸節が見られる、素朴な風合いが特徴です。手作りで工芸品として作り継がれているものなど、かなり高価なものもありますが、あくまでもマナー上では小紋より格下です。

柄つけいろいろ

紬は糸染めのため、無地や縞、格子が作りやすい技法ですが、糸をまだらに染めた絣染め（かすりぞめ）により、さまざまな模様を表現することができます。小紋のような繰り返し模様や、絵羽（えば）模様もあります。

その3

フォーマル着物

式典やパーティー、結婚式や披露宴などでの装いで、着ていく場所や参加する際の立場によって、着用のルールが決まっています。着つけもまだひとりで上手にできないかも…と不安な場合は、プロにお任せするのがよいでしょう。

主な種類

準礼装なら訪問着や、一つ紋や三つ紋の色無地や江戸小紋を着ます。正礼装なら五つ紋の色無地や色留袖、黒留袖を。紋の数が多いほど、格が高くなります。

コーデのルール

足袋と半衿は白が基本です。準礼装なら、金銀の入った名古屋帯や袋帯に、淡い色の小物を合わせます。正礼装なら錦織《にしきおり》や唐織《からおり》、つづれ織りの袋帯に、白の帯揚、金銀か白の帯締めを合わせて、専用の扇子（末広《すえひろ》）をさします。

訪問着

HOUMONGI

光沢のある綸子（りんず）地に上品な絵羽柄の訪問着。伊達衿（だてえり）をつけて袋帯を合わせれば、披露宴の招待客の装いに。

【着物・帯：リサイクルきもの福服、草履：辻屋本店】

衿と身ごろ、おくみでも模様つながっているのが特徴です。白生地を仮仕立てにして、柄を決めてからほどいて染めます。職人の技が光ります。

1枚の絵のような柄つけに

訪問着は、着物を仕立てたときに、ぬい目でも模様がつながるように染めた「絵《え》羽《ば》柄」の着物で、上半身にも模様があるのが特徴です。着物を広げると、1枚の絵のようになるものも。

「付け下げ」って何？

小紋と違い、柄はすべて上を向いていますが、訪問着のようにぬい目で柄がつながってない着物をさします。格も小紋と訪問着の中間に。

脇ぬいや衿で柄がつながっていないのが目安。おくみではつながっているものも。

【着物・帯：リサイクルきもの福服、草履：辻屋本店】

色無地
紋つき
IROMUJI

礼装用袋帯を合わせ、帯揚げに淡い色を合わせると準礼装としてぴったりな装いに。
【着物・草履：リサイクルきもの福服】

Zoom up

南天の地紋は「難を転じる」とする吉祥紋。

Zoom up

最上格となる染め抜き日向紋。

色無地に紋を入れると礼装に

紋を入れるなら、地紋があるか、光沢のある綸子生地を選びましょう。背紋だけの一つ紋と後ろ袖にも入れる三つ紋は準礼装に、前身ごろにも入れた五つ紋は正礼装になります。

色留袖とは品のある控えめな礼装

すそ周りだけ絵羽柄にして、上半身や袖には模様を入れない着物で、地色が黒以外のものをさします。紋の数で準礼装から正礼装に。

色留袖
IROTOMESODE

五つ紋の色留袖は正礼装の装いに。衿だけ比翼（ひよく）仕立てになっています。

Zoom up

上品な光沢のある綸子生地。

Zoom up

刺繍や金銀の箔など、手の込んだ技法。

【着物・帯：リサイクルきもの福服】

既婚女性の正礼装

黒留袖は、結婚式や披露宴で、新郎新婦の母親や既婚の姉妹、仲人が着ます。すそ周りだけに絵羽柄をほどこし、五つ紋が入ります。

黒留袖
KUROTOMESODE

重厚感のある金の袋帯を合わせて、格の高い装いに。
【着物・帯：リサイクルきもの福服】

扇面を前に向けて、左側に扇子をさします。

Zoom up

衿と上前のつまにある比翼は、昔の正式な装いでは着物を2枚重ねたことからできた装いです。

帯の種類と格

よそゆき着物やフォーマル着物を着るようになったら、帯の基本的な種類と格もおさえておきましょう。上手にコーディネートできると、楽しさもアップします。

帯が装いの格を決める

「着物1枚に帯3本」という言葉があるように、帯で装いに変化をつけるのが、着物のコーディネートの基本です。また着物の格に対して帯は同等かそれ以上の格を合わせて。よそゆき着物に、準礼装の帯を合わせることもあります。小物類は帯の格に準じてそろえましょう。

同じ江戸小紋の着物に、光沢のある織り名古屋帯を合わせると、改まった雰囲気に（右）。博多織の名古屋帯ではカジュアルダウンします（左）

カジュアル感を出せる帯

半幅帯

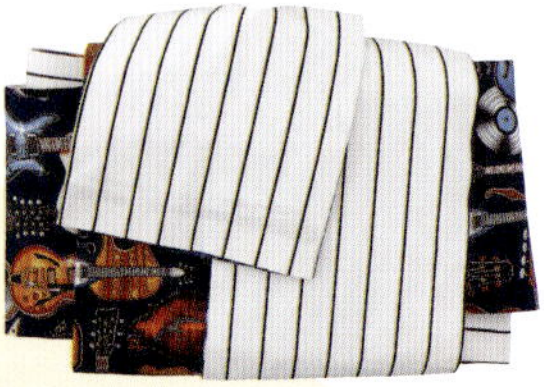

木綿プリントの洋服生地で仕立てられた半幅帯は、遊び着にうってつけ。

袋状に織られた絹の小袋帯は、半幅帯のなかでも少し格上です。

単衣（ひとえ）仕立ての博多織の半幅帯は、昔ながらの雰囲気。

名古屋帯

染めの名古屋帯でも、品格のあるお太鼓柄は、おしゃれ感がアップします。

幾何学模様の染め名古屋は、気軽な印象に。

よそゆき・フォーマル感を出せる帯

しゃれ袋帯

幾何学模様の楽し気な柄のしゃれ袋帯。

織り名古屋帯

光沢があり、吉祥文様の織り名古屋帯は、準礼装の装いに向きます。

袋帯

刺繍のように見えますが、織りで表現した模様です。金糸や銀糸の輝きが美しい。

華紋や向かい鳳凰などの吉祥の古典柄が何本も斜めに流れる間に、松や桜の花がのぞき出るように配された錦織の帯。古典と現代の意匠が溶け合っています。

帯の格順

へこ帯
芯地のないやわらかい帯

＞

木綿の半幅帯
木綿素材なら織りも染めも同様

＞

絹の半幅帯
染めより織りが格上に

＞

染め名古屋帯
木綿より絹が格上に

＝

博多織名古屋帯
織の帯でも博多はカジュアルに

＞

織り名古屋帯
金銀なしなら日常やよそゆき着に。金銀の入った吉祥模様はしゃれ袋帯より格上に

＞

しゃれ袋帯
高価なおしゃれ着として楽しむ

＞

袋帯
装いの格を上げ、準礼装や正礼装に

TPO一覧表

着物の種類（P.128〜133）で紹介した着物を、どんな格なのか一目でわかる表にしました。装いを決めるときのヒントにしてください。

日常着 ／ 練習着

木綿

▶P.128

安価なものは練習着に。名古屋帯を合わせればお出かけ着にもよいでしょう。

ウール

▶P.129

洗えるものなら練習着に最適。しっとり落ちつき感のある素材なら、お出かけ着にも。

ゆかた

▶P.129

祭りや夏のイベントにぴったり。浴衣の装いを歓迎しているシーンならホテルでもOK。

化繊

▶P.128

浴衣風か、木綿風か、小紋風か……など、素材感や柄つけで判断をします。

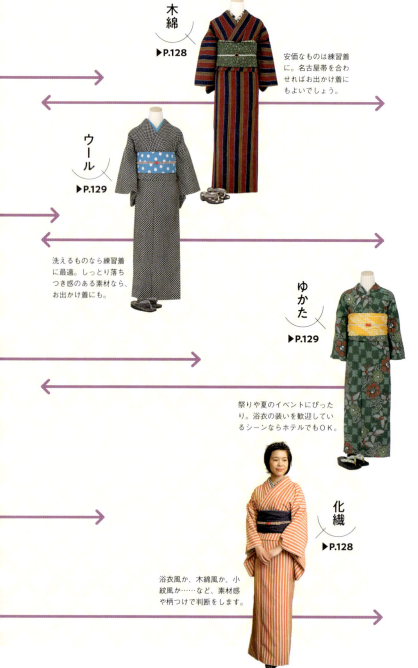

フォーマル着

よそゆき着

紋つき 色無地

▶P.133

紋の数や種類で格が決まります。

小紋

▶P.131

街着からよそゆき着で、シーンに合わせて帯や小物を選びましょう。

紋なし 色無地

▶P.130

生地に光沢があるとよそゆき感が出ます。

訪問着

▶P.132

柄の華やかさや、吉祥文様か、金銀が入っているかなどで装いの格がきまります。

紬

▶P.131

お出かけ着として楽しみます。しゃれ袋帯などを合わせて会食や観劇にも。

黒留袖

▶P.133

色留袖

▶P.133

紋なし 江戸小紋

▶P.130

模様が無地に見えるほど細かいものは格上になります。

季節のコーデヒント

日本には四季があり、「衣替え」のように季節に合わせて着る着物があります。基本的なルールを知り、季節を取り入れたコーディネートを楽しみましょう。

Spring 3－5月

春

夏の衣替え前までの時期です。まだ寒さが残っていても、模様や色で春らしさを演出しましょう。5月頃からの暑さには臨機応変に対応する必要があります。

着物

絹物の場合、裏地のある袷（あわせ）仕立ての着物を選びます。木綿は生地が厚めのものなら単衣（ひとえ）でよいでしょう。ウールもOKです。

帯まわり

絹、木綿、ともに袷仕立てが基本ですが、5月頃なら単衣でもOK。帯揚げや帯締めには春らしい軽やかな色をもってくるのもおすすめです。

その他

寒い時や暑い時には、表から見えない肌着類で調整するのが賢い方法。コートは厚手のものは避け、羽織やショールで調整するとよいでしょう。小物で、春モチーフを取り入れるのも楽しいです。

衿元に桜をまとう

白地にピンクの桜を刺繍した半衿。化繊素材なので比較的安価で手軽に取り入れやすいアイテムです。

揺れるつぼみで春気分♪

髪にさすと、赤い花のつぼみが揺れるかんざし。春以外でも活用できそう。

春の訪れを告げるモチーフ

春→花→蝶々と、連想されるモチーフにかたどられた、磁器製の帯留め。

やさしい色合の着物が似合う季節

着物を淡い色にすると、それだけで春らしさを感じます。紬のふんわりした風合いもぴったり。

和装にバラもアリです！

バラの花がプリントされた草履。派手に感じますが、脱いだ時しか見えない粋なおしゃれに。

【きもの屋ゆめこもん】

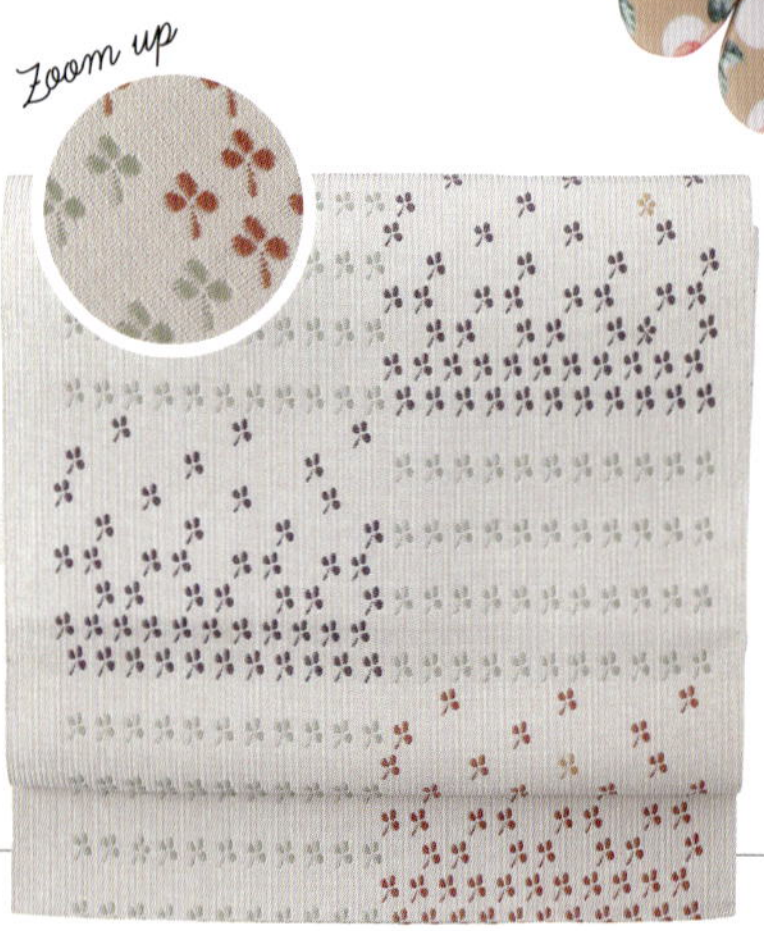

春の季語・クローバーの名古屋帯

クローバーが風にたなびいているような模様の化繊の織り名古屋帯。

季節のコーデヒント

Spring — 春

ピンクの濃淡で
装いも春爛漫
うららかな日和にお散歩へ

半衿
レース調の半衿は、軽やかさが出ます。半衿の上にかぶせましょう。

帽子
木綿素材のベレー帽なら春にぴったり。まるい形も楽し気な雰囲気に。

ショール
レースショールは寒さしのぎだけでなく、おしゃれのポイントに。

帯まわり
レースの半幅帯でさわやかな装いに。

やさしい色だけではぼんやりしがち。黄色で引き締め効果を！
チェック！

バッグ
洋服用の黄色のバッグで装いのポイントに。

着物
ピンク×白の縞の化繊素材の染めの着物です。春らしさを生かすなら、色数は抑えましょう。

春コーデのポイント

春を感じさせる淡い色の割合を多くすると、それだけで春らしさを演出できます。ピンク以外でも、クリームイエロー、若草色など。取り入れやすい春のモチーフとしては、桜・菜の花・チューリップ・つくし・蝶々・てんとう虫などがあります。

Rain 梅雨／ほか

雨

梅雨に限らず、雨が降る日の和装は気をつかいます。いっそ洋服にしちゃおう！と考える人も。でも、せっかく着物を覚えたのですから、楽しみながら雨の装いを。

着物

すっぽり雨用コートで覆うなら、何を着てもかまいません。着物のすそを上げてからコートを羽織ります。または、濡れてもよい家庭で洗える着物を選ぶのも一つの方法です。

帯まわり

とくに雨だからと選ぶことはありませんが、あまり上等なものは避けたほうが無難です。雨コートを着ないなら、帯も手入れが楽なものを選ぶとよいでしょう。

小物

コートを着るなら、通気性がよく、汗に対応できる素材の肌着を着るのがおすすめです。足元は特に汚れやすいので、足袋には足袋カバーをはいて、草履はカバーをするか、雨用草履を選びましょう。

雨の外出に心強い味方

着丈に合わせた雨コートがあれば安心です。既製品は丈の合うものを選びましょう。

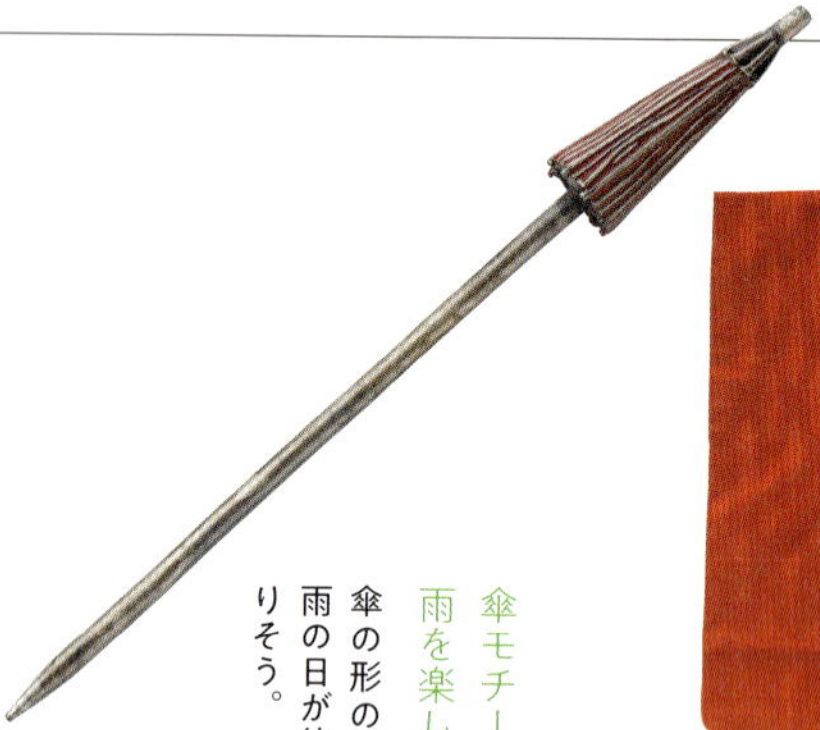

傘モチーフで雨を楽しむ

傘の形のかんざしは、雨の日が待ち遠しくなりそう。

雨に似合うと言えばコレ！

水草の上にカエルを配したシルバーの帯留め。雨の中でも「無事帰る」という意味にも？

雨用草履

つま先にカバーのついた、雨用草履。素材も雨に強いもので作られています。

【辻屋本店】

麻の葉模様の傘

和装に合わせるなら、傘も少し和テイストにするのもすてき。

洗える化繊着物

化繊の着物の生地。雨で汚れても家で洗えるなら安心です。

季節のコーデヒント

Rain — 雨

雨コーデのポイント

雨をよけるか、汚れても大丈夫な装いにするか、どちらかを選びます。よそゆき、フォーマルの場合は前者に決まってきますが、日常着ならどちらも OK。雨や水のモチーフを取り入れれば、雨の日の憂鬱も吹き飛びそうです。

半衿
水色のうろこ模様の半衿。雨をつかさどる龍（神）にも由来します。

着物
木綿のデニム生地なので、汚れてもガシガシ洗えます。

帯まわり
水のしずくのような細長い三角模様の木綿の半幅帯に、雨筋のような縦縞の帯揚げ、ボタンの帯留めでポップな装いに。
【半幅帯：リサイクルきもの福服】

草履
水色の太ボーダーのカバーつきの雨用草履。
【HARUキモノコモノ屋】

ランランラン♪と、鼻歌が出そうな雨の装い
デニム着物で雨も怖くない！

Summer 6－9月中旬

夏

一般的に6月からが衣替えの季節です。夏は汗をかくので着物は避けたいという人は、ゆかたを選んでもOKです。

着物

6・9月は単衣（ひとえ）仕立て、7・8月は薄物と呼ばれる透ける素材か、麻の着物を着ます。涼し気に見せることが大切です。

帯まわり

半幅帯や博多帯なら、季節に関係なく使えます。単衣着物の季節には、袷（あわせ）着物に合わせる帯の季節を先取りした色柄を。盛夏には透ける絽（ろ）や羅（ら）、紗（しゃ）のほか、麻素材もOK。夏用の帯締めや帯揚げもありますが、淡い色なら年中使用できます。

その他

肌着類には麻やクールな夏用素材を選び、過ごしやすくする工夫を。半衿は絽か麻を合わせます。ゆかたには素足に下駄でかまいませんが、着物の場合は必ず足袋をはきましょう。

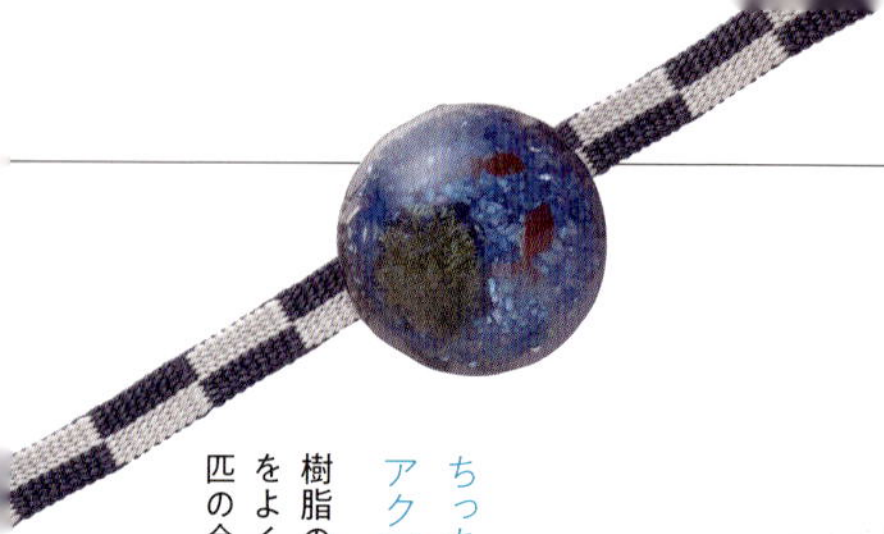

暑さしのぎとおしゃれに

夏の和装に扇子は必需品です。白地に手描きの夏椿がさわやか。

ちっちゃなアクアリウム

樹脂の帯留めの中をよく見ると、2匹の金魚と水草が。

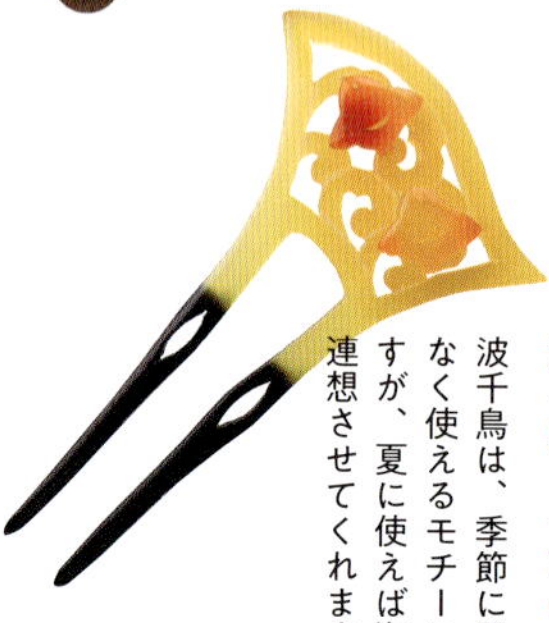

海を感じるかんざし

波千鳥は、季節に関係なく使えるモチーフですが、夏に使えば海を連想させてくれます。

夏あざみで刺激的な夏に

縞状に透け感のある絽に、あざみの花と麻の葉模様が散った着物地。

和洋どちらも使えるかごバッグ

エスニックのかごバッグなら、安価なものもあります。写真はクラフトテープで編んだものです。

日傘で和装をランクアップ

夏着物に日傘……。絵にかいたような取り合わせ♪

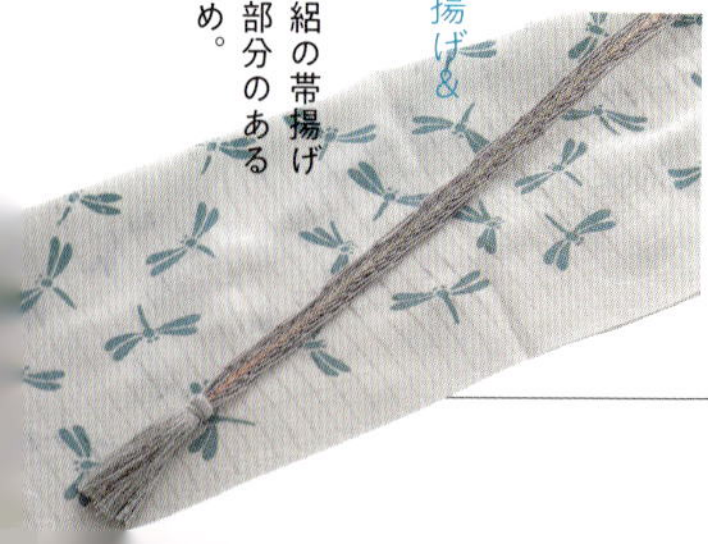

夏用の帯揚げ&帯締め

トンボ柄の絽の帯揚げに、透かし部分のある夏組の帯締め。

夏コーデのポイント

夏の和装はモノトーンに寄せるか、淡目の色でそろえると、体を覆う面積が多いため、涼しく見せることができます。ただし、ゆかたやカジュアル着物なら、洋装のパワフルな夏のイメージに合わせた強い色合いもOKです。

ゆかたを着物風に着ると
街へのお出かけに向く装いに
ゆかたイベントでも引き立ちます

半衿
透明感があって涼し気に見えるビーズを編み込んだ半衿。

ポーチ
水辺を泳ぐ鴛鴦（おしどり）が描かれた文庫革の財布をポーチ代わりに。

帯まわり
麻の半幅帯に、絽の帯揚げ、シルバーの帯締めを合わせて涼し気に。

ゆかた
大胆なユリの模様のゆかた。縦縞が全体をすっきり見せるポイントに。

下駄
鼻緒や前つぼがポップな下駄。
【辻屋本店】

Autumn 9月中旬－11月

秋

お出かけ日和が多い秋は、着物を着たくなる季節です。着物や和のイベントもたくさんあります。着られる着物や帯の種類も豊富で、コーディネートの幅も広がります。

着物

袷（あわせ）仕立ての着物の季節になります。日常着なら、木綿やウールの単衣（ひとえ）もOK。秋の色合いもいいですが、とらわれることなく自由に選んでもよいでしょう。

帯まわり

袷の着物に合わせて帯も袷や紬の単衣帯に。帯揚げや帯締めも透け感のないものを選びましょう。半幅帯なら、麻素材以外はしめられます。

その他

その日により気温が違ったり、１日のうちでも気温差がはげしくなる季節です。体温調整は肌着類や、脱ぎ着のできる羽織りもので行うとよいでしょう。

紅葉した着物

もみじ色の地に、もみじや小花を散らした、秋にぴったりの小紋。

漆細工の帯留め

色の深みを感じさせる、黒地に赤や金のもみじを散らした帯留めは、秋の装いを格調高くしてくれます。

実りは帯にあり

秋の味覚の代表ともいえる、栗のお太鼓柄のしゃれ袋帯。

芸術の秋にしめたくなる帯

工芸品の壺などを模様にした半幅帯。

中秋の名月のお供に

満月の中にうさぎがはねている柄の小さながま口。

秋の夜長にハロウィンパーティー 夜とかぼちゃのイメージで、黒とオレンジの大胆コーデに

秋コーデのポイント

シックな色やダークな色、スモーキーな色が、秋らしさを感じさせますが、あまり気にせずに自由にコーディネートしてもよいでしょう。装いの目的によって決めるなどして、いろいろな組み合わせにチャレンジして、着物術をみがく季節としてはいかがでしょうか。

ミニハット
パーティならミニハットで遊び心を演出しても。

羽織
男性のスーツ用の生地で作られたメンズ羽織。羽織りどめをパールビーズにしておしゃれ感を。

帯まわり
帯の黒、帯揚げのオレンジ、帯締めの緑。すべてイベントカラーでまとめています。

バッグ
ビーズバッグはキラキラ輝いて華やかな装いに。

着物
縞模様にも見える竹柄の小紋着物。オレンジ色と黒で、まさにハロウィンカラー。

Winter 12－2月

冬

しっかり重ね着をする和装は、意外に暖かい装いになります。コートや羽織、ショールなどで寒さ対策をしましょう。年末年始のイベントに合わせた装いも楽しみです。

着物

袷（あわせ）が基本です。ウールの単衣（ひとえ）もOKですが、木綿は地厚なものを選びましょう。年末年始のイベント時にはTPOに合わせた着物を選びましょう。

帯まわり

袷の着物に準じた、袷や紬などの帯を選びます。半幅帯は麻やレースタイプのものは避けます。

その他

上着が必需品になります。着物で寒いのが衿元と手首と足元。衿はショールなどを、手首は手袋を、足元は中にスパッツなどをはいて対処するとよいでしょう。草履や下駄の先端をカバーする、防寒用の爪革もあります。

雪モチーフで季節を楽しむ

雪輪の小紋着物と雪の結晶をかたどった帯留め。雪輪は季節を問わずに使えますが、冬はとくに出番が増えそう。

ミニ鞠を根付に

お正月の雰囲気にぴったりな鞠のストラップを根付にしても。

梅のかんざし

冬の数少ない花のひとつ、梅を描いた漆塗りのかんざし。

寿ぎを松で表現

おめでたい松をカラフルに散らした小紋着物。

あったかコート

着物用のコートは、衣紋（えもん）がぬけた着物の衿に沿わせられることと、たもとを入れる袖丈が必要です。

半衿・伊達衿《だてえり》

レース調の半衿に、赤白ブロックチェックの伊達衿をつけて、首まわりも華やかに。

帯まわり

ピアノの鍵盤や五線譜で楽しい気分を演出。クリスマスツリーのブローチを帯留めに。

羽織

赤と緑の配色のウール・モスリンの羽織。ちょっとクラシカルな雰囲気です。

クリスマスのお出かけに
赤と緑でキメました
鍵盤の帯から聖歌が聞こえてきそう

バッグ

ビーズのパーティーバッグでキラキラ感を。

草履

赤と白の鼻緒がキュートで、白足袋も色足袋も映えそう。
【きもの屋ゆめこもん】

着物

青緑の無地の紬のきものです。光沢のある素材感なので、パーティーシーンにも合います。

冬コーデのポイント

クリスマスとお正月という、1年のうちの一大イベントが続きます。12月に入ったらクリスマス、25日を過ぎたらお正月の雰囲気を装いに加えたいものです。1月7日を過ぎたら通常に。冬らしいモチーフを取り入れましょう。

Column

遊びゴコロをプラスした
お気楽着物コーデアイデア

「優等生和装はつまらない！」「着物をもっと自由に楽しみたい♪」という人への、着物コーディネート提案です。

こんなのもアリ？というコーデから、取り入れやすいアイデアまで紹介します。

PLUS

メンズ羽織

お遊び度★☆☆

男性用のアイテムを取り入れると、
ちょっと雰囲気が変わります。
取り入れやすいのは羽織。
身八つ口や振りがぬわれているので、
寒さ対策にももってこいです。
写真はデニム素材で女性用にも市販されていますが、
もっとシックな素材でもよいでしょう。

PLUS 衿つきシャツ

お遊び度★★★

衿なしシャツは、明治や大正時代の
男性の装いに見ますが、
女性が取り入れるなら衿つきも
おすすめ。色柄は、半衿に
合わせたいものがベター。
写真は、白地に黒の細かいドット。
マニッシュなイメージ合わせて
足もとはかっちりした白の革靴に。

タートルネックのカットソーをイン。
襦袢を着ずに、ゆかたのように
着つけをします。ちょっと着丈を短くして、
靴やブーツを合わせるのもよいでしょう。
裄や身丈がたりない着物でも OK です。

PLUS タートルネック

お遊び度★★☆

PLUS 小物でもっとお気楽に

かんたんに取り入れやすい、
遊びゴコロたっぷりのアイテムをご紹介。
ここからはじめるのもいいですね。

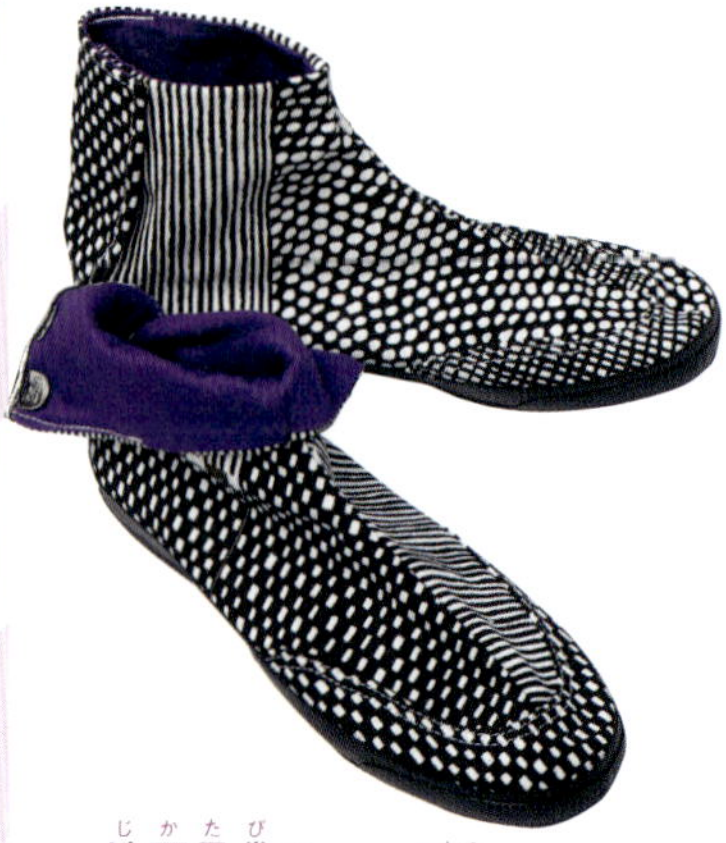

地下足袋《じかたび》シューズも

和洋折衷のアイテムも最近は増えています。街中でもはきやすいデザインの地下足袋も、着物に合いそう。防寒の効果も。さらに、車などの運転にも安心です。

帯留めアクセサリー

小さな帯留めで遊ぶのもよいでしょう。専用の帯留め以外でも、イヤリングやブローチを帯留めとして利用するのもOK。選ぶ幅が広がるうえ、入手しやすくなります。

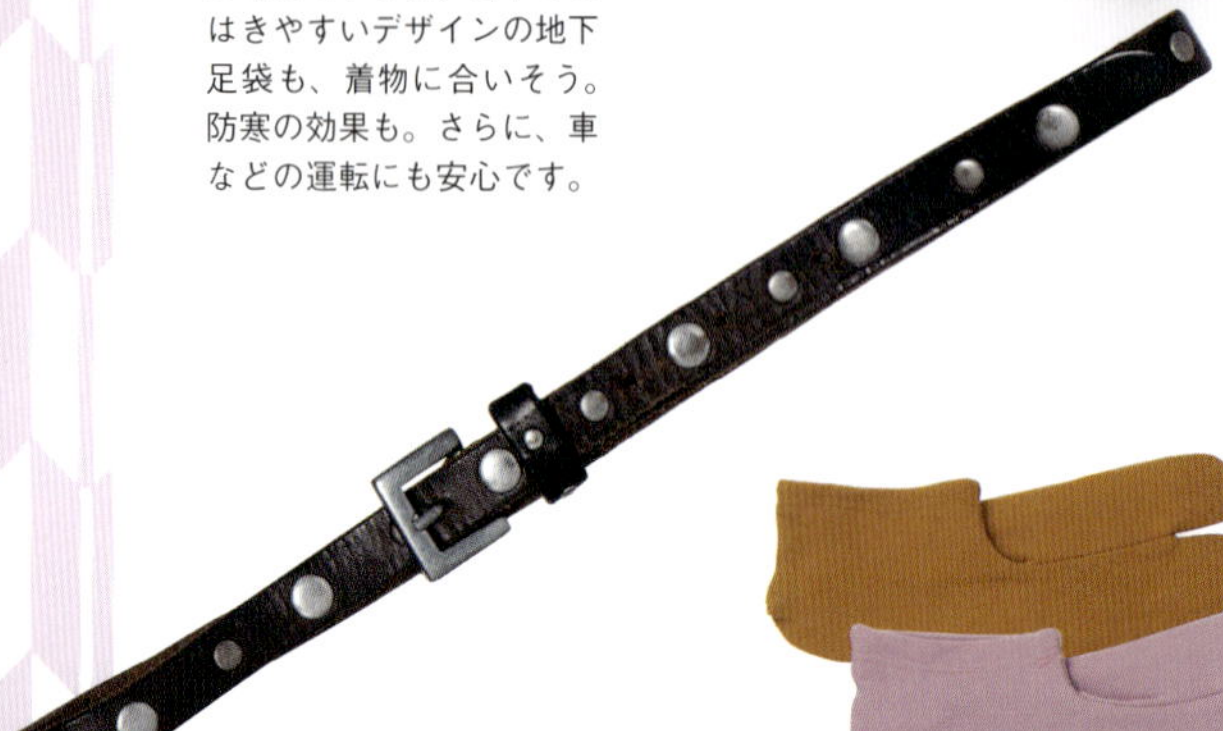

色足袋で遊ぶ

色柄の入った足袋を合わせるのも、カジュアル着物ならではの楽しみです。着物、はきものの鼻緒や前つぼ、台の色とのバランスを考えて、色合わせをしましょう。

洋服小物を取り入れる

帯締めがわりに革のベルトを使うと、ちょっとハードな印象に。帯を二重に巻いた外側にしめるので、ウエストより大きなサイズを用意しましょう。帯揚げにスカーフ、半衿に手ぬぐいなどを代用するのも手軽です。

Chapter

6

アフターフォローも忘れずに！

着物・小物のお手入れ

着物は脱いだ後に
きちんと手入れすることが大切。
次に出したときにすぐに着られますし、
着物が長もちするかにも影響します。
毎回行いたいことと、
必要に応じたケアに分けて紹介します。

着た後に毎回したいお手入れ

着物を着て過ごした後、毎回しておくと、着物や帯が長もちするお手入れがあります。次に着るときのためにも、たいせつな作業です。

家に帰ってからの流れ

手を洗う

着物を脱ぐ前に、まずは手を洗いましょう。汚れた手で着物をさわるのはNGです。

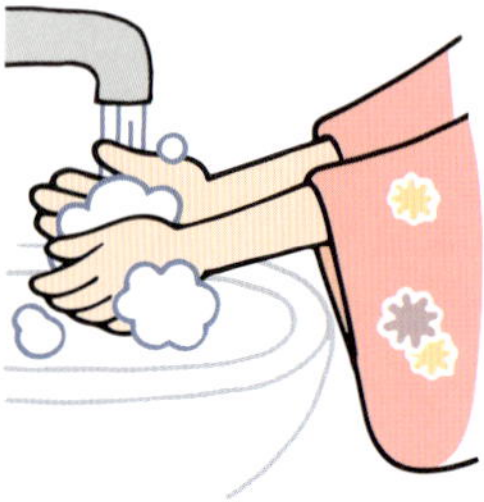

着物を脱ぐ

着たときと逆順で着物を脱いでいきます。椅子の背などにかけながらぬいでいくと、整理しやすくなるでしょう。

汚れチェック

汚れやすいポイントを把握して、着物の汚れをチェックしていきます。帯は前帯やお太鼓の表に出ている部分を見ておきましょう。襦袢の半衿は汚れていたら外して洗います。

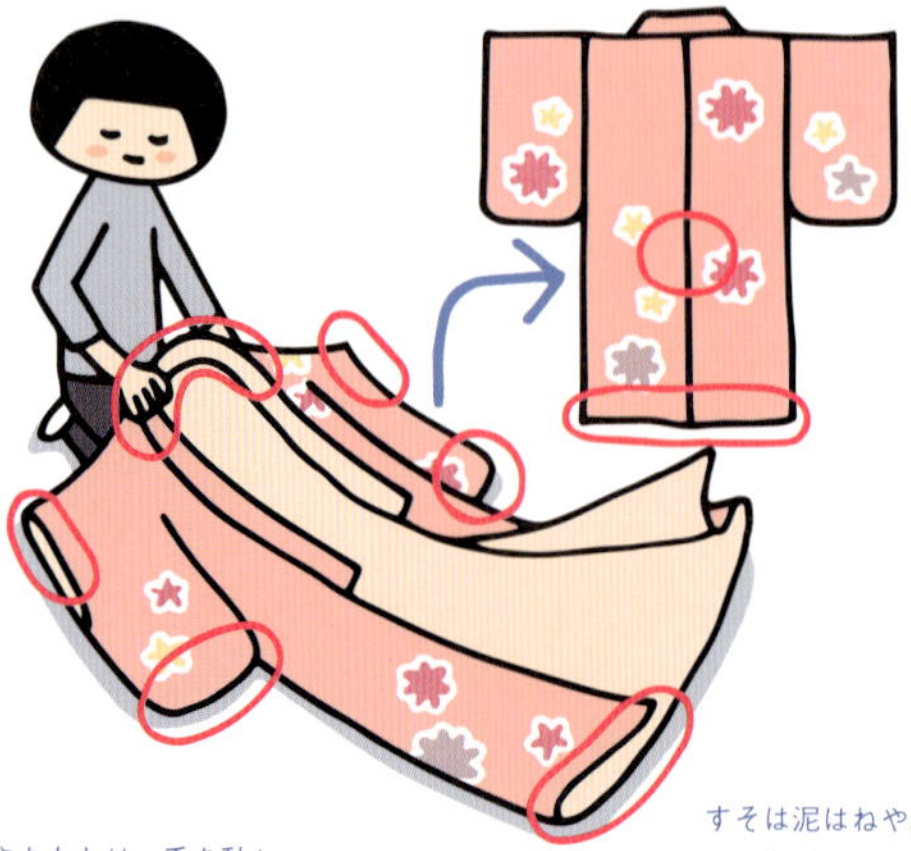
衿まわりはもっとも汚れやすいところ。メイクや汗じみ、食べこぼしなどの跡を確認。
おしり周辺は、座った時に汚してしまうことがあります。
袖口やたもとは、手を動かすたびにいろいろなものにふれやすいところです。
すそは泥はねや、土ぼこりなどがつきやすいので、ぐるり1周チェックしましょう。

汚れていたらP.156へ!

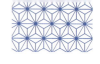

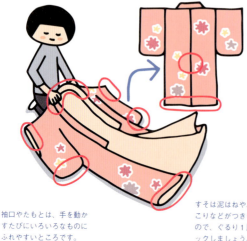

一日陰干し

着物や絹の襦袢はハンガーにかけて、帯はたとう紙などに広げて陰干しして湿気をとります。小物類はかけても置いてもOKです。

洗えるものは洗濯を

肌着類や足袋は着たらその都度洗います。半衿は汚れていたら、洗える着物や帯は、汚れが無ければ季節の変わり目などに洗うとよいでしょう。

たたんで収納

P.154～155を参考にたたみ、収納しておけば、次に着るときも安心です。

洗える着物の洗濯のポイント

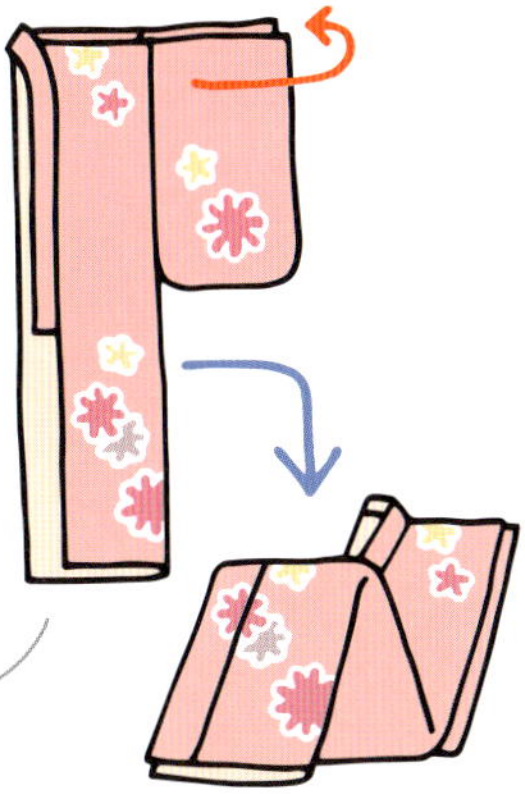

着物の袖を合わせて、長さを蛇腹だたみにします。

洗濯用ネットに入れます。ゆかた用の大きいものも。

おしゃれ着用洗剤で、洗濯機を弱水流にして洗います。汚れが気になる場合は、部分洗いをしてから投入を。脱水はごく短めに。

シワをしっかりのばして、陰干しにします。

着物
のたたみ方

1

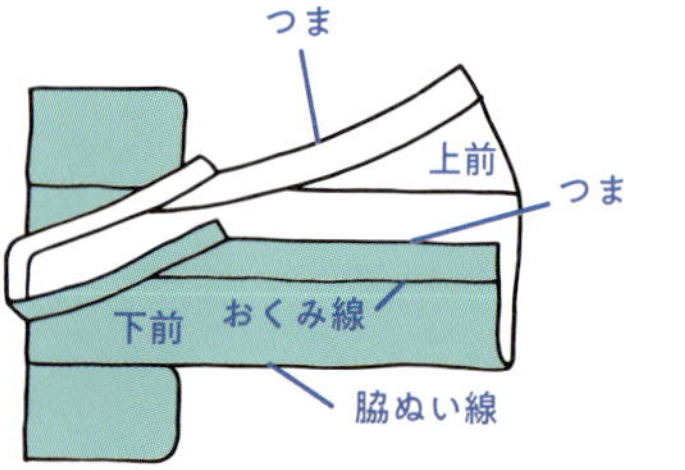

衿が左側になるように着物を広げ、手前の脇ぬい線（下前側）で折ります。

2

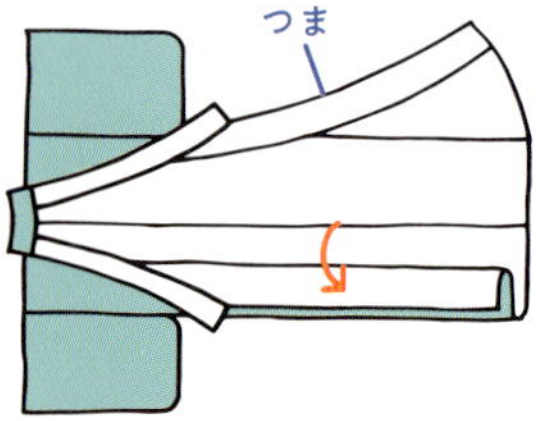

下前のつまを、おくみ線で手前に折り返します。

3

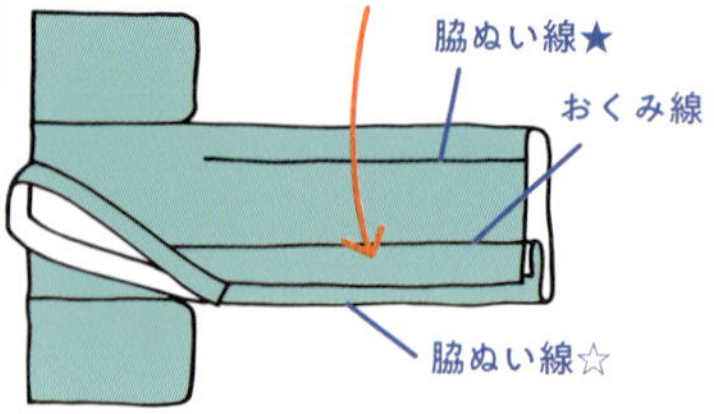

奥側のつま（上前側）を、下前のつまに重ねます。

4

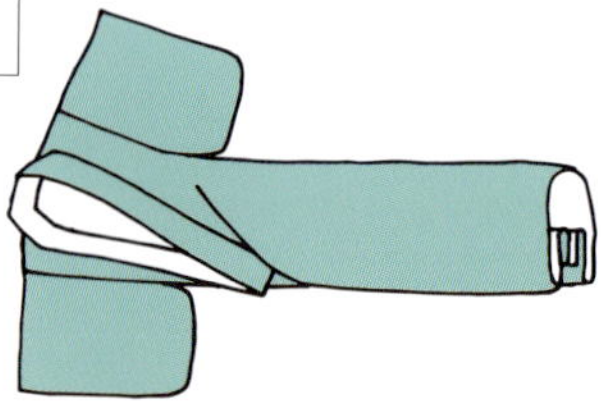

上前の脇ぬい線★を、下前☆に重ねながら、上前のおくみ線で折ります。

5

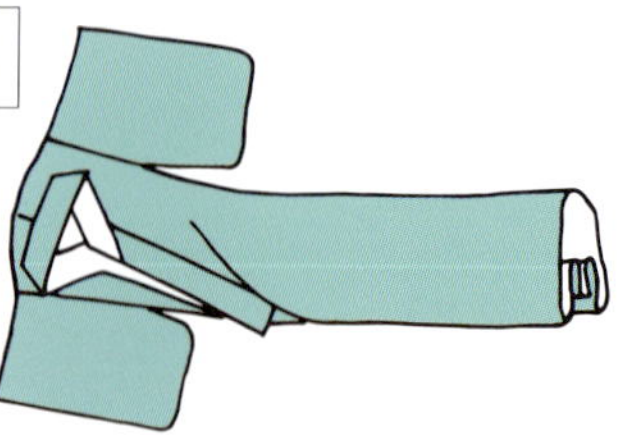

左右の衿先を重ね、上に向かってそろえます。衣紋《えもん》は内側に三角に折ります。

6

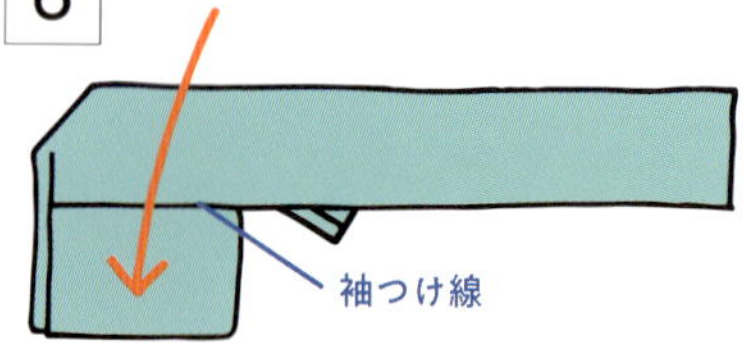

下前の袖に、上前の袖を重ねます。肩山は折りすじ通りにたたむこと。

7

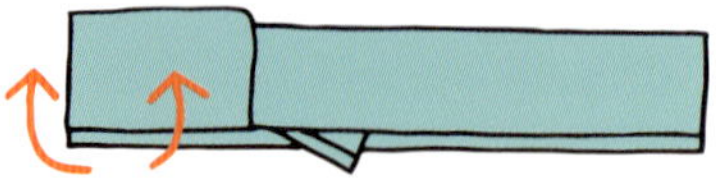

袖を、袖つけ線でそれぞれの身ごろ側に折り返します。

8

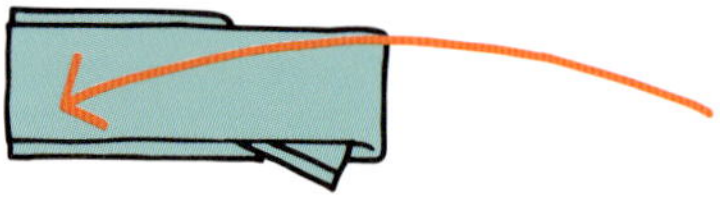

長さをたためば「本だたみ」のできあがり。長さは半分や三つ折りにします。

長襦袢のたたみ方

1

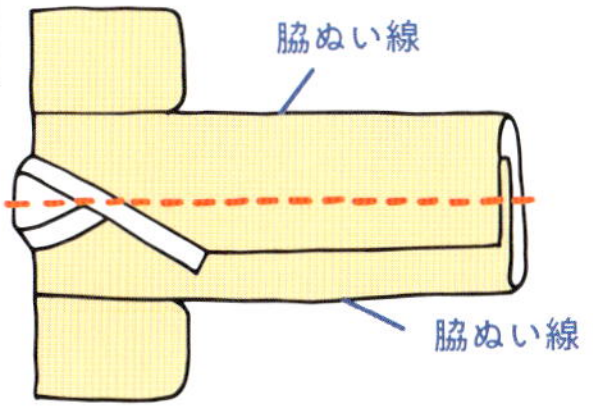

衿が自分の左側になるように襦袢を広げ、両脇の脇ぬい線で折ります。

2

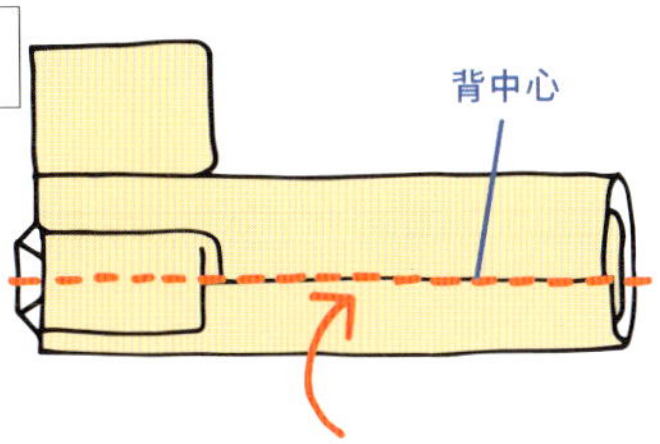

手前（下前側）の脇ぬい線を背中心に合わせて折り、袖を折り返します。

3

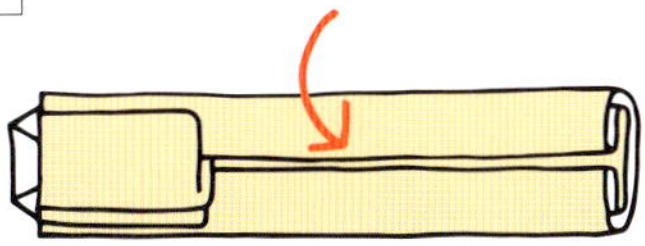

奥（上前側）も同様にたたみます。

4

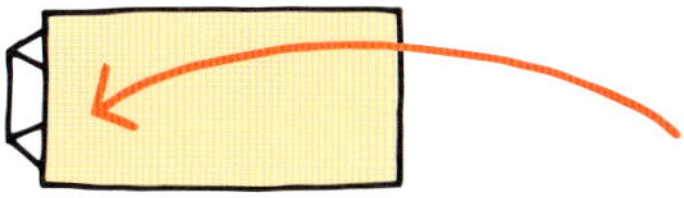

長さを半分か三つ折りにたたみます。

名古屋帯のたたみ方
（名古屋仕立て・松葉仕立て）

1

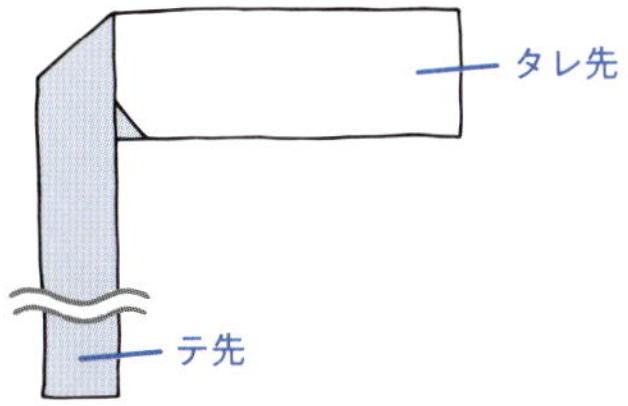

タレ先を右に向け、幅のぬい止まりを三角にたたみ、テを手前に倒します。

2

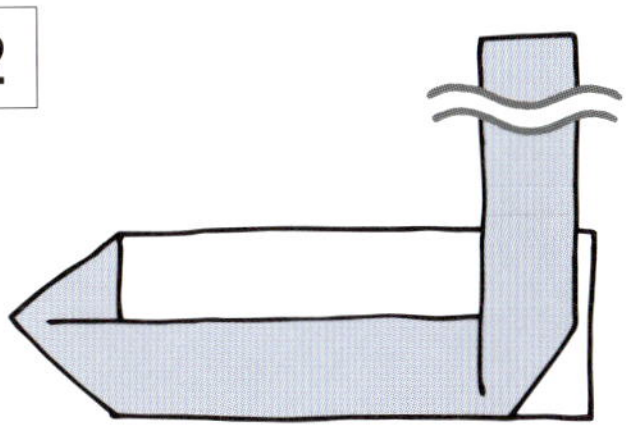

テを右へ折って、タレに重ね、タレ先まできたら、三角に上へ折り返します。

3

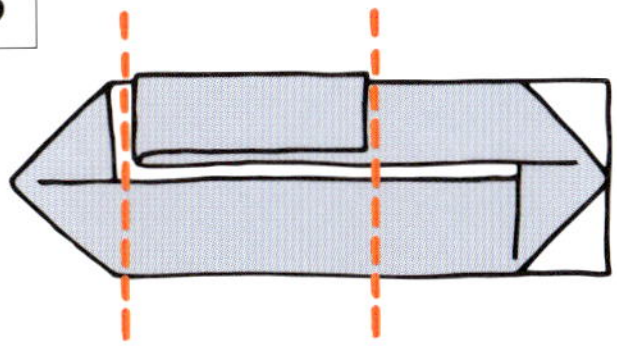

続いて三角に左へ折り、ぬい止まりへ戻り、1の三角の手前で折り返します。

4

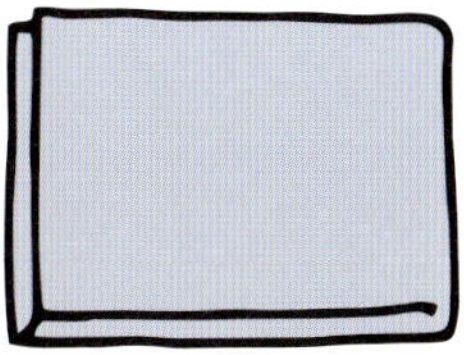

左側の三角を折り、さらに長さを半分にたたみます。

場合によってしたいお手入れ

毎回は不要ですが、気づいたらしておきたい家庭でできるお手入れもあります。ちょいちょいお手入れをすることで、お金をかけずに大切な着物を長もちさせられます。

しみ抜き

いくら注意していても、知らない間に汚れがついていることがあります。着た後すぐに発見できれば何の汚れか把握でき、自分でお手入れもしやすいでしょう。ただし、一旦落としたように見える汚れも、あとで浮き出てくることがあるので、たいせつなものはプロにお任せを。

ベンジンでのしみ抜き

油を含んだ食べ物や、ファンデーションなどは、ベンジンを使います。汚れた生地の下にタオルをはさみ、ベンジンをしみこませた布やコットンで、汚れの周囲からたたくようにして、汚れをタオルに移します。

アイロンがけ

大事なものにアイロンをかけるときには、あて布をするようにしましょう。生地の布目に沿って、縦方向にアイロンを滑らせるのが基本です。素材に応じた温度設定をし、絹の場合はスチームはNG。

帯締めの房のばし

帯締めの収納をおろそかにしていると、房がモシャモシャになってしまいます。やかんなどで湯をわかし、その水蒸気にあてると、房がきれいにととのいます。

Point!

着物手入れのプロ「悉皆屋《しっかいや》さん」

ことごとく（悉）みな（皆）という意味で、和装の仕立てやお手入れのことならなんでも対応してくれるプロです。着物店で仲介してくれるところもあれば、専門の悉皆屋さんも。最近ではインターネットのサイトから依頼できるところもあります。着物関係で困ったことは、悉皆屋さんに相談するのがおすすめです。

見やすい収納のヒント

着物の収納は、手持ちの種類や家の環境によって、ベターな方法は変わってきます。日常着が多い場合の収納方法をご提案。見やすさ、選びやすさをポイントにしています。

よそゆき着物

大切な着物なら、たとう紙にはさんでおくとよいでしょう。見やすいように、たとう紙の下側は折りたたんで、その上に着物を置き、たとう紙の上の紙だけかぶせておくのも便利です。

バッグ・はきもの

着物専用のものの場合、ほこりがかぶらないように箱などに入れてしまうと安心。はきものは玄関でも。

帯留め

透明の小引き出しに入れておくと、見た目に楽しい収納になりますし、マメに使いたくなりそうですね。

帯揚げ

サイズの合う引き出しや箱に収納。無地と柄物で分けたり、色味で分けたり、自分なりの仕分けを。

日常着物

長さを三つ折りや、四つ折りにして、輪になった部分を背にして重ねます。リサイクルショップのように見やすい収納です。

帯

たたんで色分けしておいても。大切な帯ならよそゆき着物と同じように、たとう紙にはさんで。

帯締め

結んで箱に収納してもよいですが、ハンガーにかけるのもかんたんでおすすめです。

房カバーをつけておくと、乱れを予防できます。

着物の用語集

本書の中で登場する用語や、それ以外にも、着物にまつわるよく耳にする言葉などの概略を並べています。着物をもっと知りたいと思った時に、検索してみてください。

あ

後染め（あとぞめ）
糸を織って布状にしてから、色や柄をつける染織技法。

洗い張り（あらいはり）
仕立てられた着物や帯などをほどいてから洗う方法です。生地の風合いがよみがえる、もっともていねいな洗い方。そのまま仕立て直すこともできますし、寸法を広げるときには折りすじが目立たなくなるのでおすすめです。

袷（あわせ）
裏地をつけた着物のこと。基本的には10〜5月に着ます。

居敷当（いしきあて）
裏地をつけない着物の補強や透けを防ぐために、後ろ身ごろの腰から下全体につける裏地のこと。

絵羽柄（えばがら）
おくみ線、脇ぬい線、背ぬいなど、生地の合わせ目でも模様がつながった柄つけのことをさします。留袖や訪問着に見られます。

衣紋（えもん）
衿の後ろ部分のことをさします。

衽線（おくみせん）
前身ごろの生地の合わせ目のことで、つま側の生地を「おくみ」といいます。

おはしょり（おはしょり）
着物の着丈を調整したときに、帯の下に出る部分。おはしょりの出ない着方を対丈（ついたけ）といいます。

か

掛衿（かけえり）
着物の衿の汚れを防ぐために、衿の上に重ねる衿のことで、「共衿（ともえり）」ともいう。

型染め（かたぞめ）
型紙を使った後染めの方法。同じパターンを染められるので、繰り返し柄の小紋などに使われる。

片身替わり（かたみがわり）
背ぬいを中心に左右で色や模様の違う布を使う仕立て方です。

唐織（からおり）
室町時代に中国から伝わった織り技法です。模様がふっくらと浮き、刺繍のように見えるのが特徴。

着丈（きたけ）
着物を着た時の背中の首の付け根から、くるぶし下あたりの着物の丈の長さのこと。P.22参照

吉祥文様（きっしょうもんよう）
縁起がよく、おめでたい意味をあらわす模様の総称。

古典柄（こてんがら）
古くから用いられてきた模様で、吉祥文様もあります。

こはぜ（こはぜ）
足袋のかかと上につく留め具で、ループに差し入れます。一般に1〜5枚。

小袋帯（こぶくろおび）
袋状に織られた半幅帯で、袷状になっています。

さ

先染め（さきぞめ）
糸を染めてから織ること、または織った布。経緯どちらかの糸の色を変えれば縞に、両方を変えれば格子になります。糸をまだらに染めて織れば絣（かすり）模様に。

晒（さらし）
漂白した白い平織の木綿布のこと。肌襦袢やすそよけの腰まわりの布などに用いられます。

三分紐（さんぶひも）
幅約9㎜の組みひもで、帯留めを使うときなどに、帯締めとして用いることができます。

塩瀬（しおぜ）
厚地で、横に細かい畝（うね）が見える絹織物。半衿や帯地などに使われます。

悉皆（しっかい）
着物に関するすべてのことを取り扱うプロのこと。仕立て、お直し、染め、洗い張りなどの窓口になります。

しぼ（しぼ）
布の表面にあらわれる細かな凹凸のこと。縮緬などに見られます。

絞り染め（しぼりぞめ）
生地を糸でくくったり、板にはさ

むなどして、染液や防染剤の浸透を防ぎ、染め分けた布、またはその技法です。

地紋（じもん）
織り方の変化によって、生地に織り出された模様。光の角度で模様がよく見えます。

紗（しゃ）
夏生地のひとつで、細かなメッシュ状で透けて涼しげに見えます。

正絹（しょうけん）
混じりけのない絹糸、または絹織物のこと。

末広（すえひろ）
扇子のこと。和装では、帯の左側にさす小型のものをあらわし、祝儀扇ともいいます。

全通（ぜんつう）
P.21参照

た

伊達衿（だてえり）
礼装の際、着物を2枚着ているように見せるために、衿の内側に重ねる帯状の布。

畳紙（たとうし・たとうがみ）
たたんだ着物や帯を包む紙。古く傷んできたら、交換したほうがよいでしょう。

反物（たんもの）
和服生地の総称で、着物1着分を、1反とします。

縮緬（ちりめん）
表面に細かいしぼがある絹織物で、ふっくらやわらかい風合いが特徴。

胴裏（どうら）
袷の着物につける裏地で、表に出ない胴回りの部分のこと。

な

錦織（にしきおり）
多色の絹糸を使い、織で模様を織り出す紋織物の総称。おもに礼装用の帯に用いられます。

は

羽裏（はうら）
羽織の裏地のこと。

ばち衿（ばちえり）
着物の衿幅を折らずに着られるように仕立てられた衿のこと。

八掛（はっかけ）
袷の着物につける裏地のうち、すそや袖口など、なにかの拍子で見えることのある部分のことで、すそまわしともいいます。表地との調和で別生地を選ぶか、礼装などでは共布を用います。

半衿（はんえり）
襦袢の衿にかける帯状の布です。

単衣（ひとえ）
裏地をつけない着物のこと。ウールや木綿着物はおもに単衣で仕立てます。絹の単衣着物は、夏の前後の時期に着る着物になります。

広衿（ひろえり）
衿幅を広く仕立て、着るときに折って幅を調整する衿のこと。

紅型（びんがた）
沖縄の琉球王府時代から続く伝統的な型染のこと。いまでは江戸紅型など、沖縄以外の産地もあります。

前つぼ（まえつぼ）
草履や下駄の鼻緒と台をつなぐパーツ。

身幅（みはば）
腰回り＝ヒップサイズのことをいいます。P.22参照

モスリン（もすりん）
薄くてやわらかい平織のウールや木綿の生地のことで、いまでは腰ひもに多く用いられます。以前は襦袢にも多く用いられました。

紋（もん）
家紋のことで、着物や羽織の背や後ろ袖、両胸に入れて格式をあらわします。

や

有職文様（ゆうそくもんよう）
平安時代から、公家が装束や調度品に用いた文様の総称。格式の高い模様とされます。

裄（ゆき）
着物の背中心から袖口までの長さのことです。採寸は腕を45度上げて測ります。P.22参照

ら

羅（ら）
網目状にすき間のある織り方で、おもに盛夏用の帯に用いられます。

綸子（りんず）
撚りのない絹糸で地紋を織り出した絹織物で、美しい光沢が特徴。

絽（ろ）
縞状に透ける部分を入れた織り方の、夏用の生地です。

六通（ろくつう）
P.21参照

● Staff
装丁･本文デザイン：熊谷昭典（SPAIS）　大木真奈美
構成、執筆：山田 桂
マンガ：フクイサチヨ
イラスト：島内美和子
撮影：田邉美樹
撮影協力：台東区フィルム・コミッション
株式会社まるごとにっぽん
https://marugotonippon.com/
茉華（まるごとにっぽん２F）
信州木工館（まるごとにっぽん２F）
西浅草黒猫亭
台東区西浅草2-9-1
https://cafe-18089.business.site
編集制作：株式会社童夢
企画編集：大塚雅子（株式会社ユーキャン）

お着物一年生

2019年３月８日　初版　第１刷発行
2019年５月22日　初版　第２刷発行
2021年１月22日　初版　第３刷発行

著　者　山口さくら
発行者　品川泰一
発行所　株式会社ユーキャン 学び出版
〒151-0053
東京都渋谷区代々木1-11-1
Tel. 03-3200-0201
発売元　株式会社自由国民社
〒171-0033
東京都豊島区高田3-10-11
Tel. 03-6233-0781（営業部）
印刷・製本　望月印刷株式会社

※落丁・乱丁その他不良の品がありましたらお取り替えいたします。お買い求めの書店か自由国民社営業部（Tel.03-6233-0781）へお申し出ください。

● 著者
山口さくら（やまぐちさくら）
きものコーディネーター。イベントや舞台で着物のコーデを担当。着物初心者への的確なアドバイスにも定評がある。
共著に『カジュアル着物ブック』（廣済堂出版）。

○山口さくらHP
https://sakurakimonostyle.wixsite.com/sakuran
○ブログ
https://ameblo.jp/sakura-kimonostyle/

● 協力
福服（ふくふく）
福服の名前の語源は「着物でハッピーハッピー」。コンセプトは素人目線の着物のお店。だれでも気軽に入れて、自分で羽織って、気軽に出ていけることをモットーに、リサイクルも新品も、カジュアル着物もフォーマル着物も、男物も女物も、と幅広く取り揃えている。

［リサイクルきもの福服］
○楽天市場
https://www.rakuten.ne.jp/gold/fukukimono/
○新宿店
〒160-0022 東京都新宿区新宿2-7-2
tel・fax 03-3357-1130
○浅草店
〒111-0032 東京都台東区浅草1-33-3
タケイシビル3階
tel・fax 03-5826-1544
○神楽坂店
〒160-0825 東京都新宿区神楽坂5-32
武田ビル3階
tel・fax 03-6228-1261

※本書に掲載の商品情報は、2019年１月現在のものです。